买房地产从 S $100 起：如何投资 REITs

［马来西亚］言月　著

中国财经出版传媒集团
中国财政经济出版社

图书在版编目（CIP）数据

买房地产从 S $100 起：如何投资 REITs／（马来）言月著. -- 北京：中国财政经济出版社，2022. 9
ISBN 978 - 7 - 5223 - 1549 - 2

Ⅰ. ①买…　Ⅱ. ①言…　Ⅲ. ①房地产投资－信托基金
Ⅳ. ①F293. 33 ②F830. 59

中国版本图书馆 CIP 数据核字（2022）第 116848 号

责任编辑：陈志伟　　　　责任印制：史大鹏
封面设计：卜建辰　　　　责任校对：胡永立

买房地产从 S $100 起：如何投资 REITs
MAI FANGDICHAN CONG S $100 QI：RUHE TOUZI REITs

中国财政经济出版社 出版

URL：http：//www. cfeph. cn
E - mail：cfeph@ cfeph. cn

社址：北京市海淀区阜成路甲 28 号　邮政编码：100142
营销中心电话：010 - 88191522
天猫网店：中国财政经济出版社旗舰店
网址：https：//zgczjjcbs. tmall. com
北京财经印刷厂印刷　各地新华书店经销
成品尺寸：147mm × 210mm　32 开　3. 75 印张　71 000 字
2022 年 9 月第 1 版　2022 年 9 月北京第 1 次印刷
定价：40. 00 元
ISBN 978 - 7 - 5223 - 1549 - 2
（图书出现印装问题，本社负责调换，电话：010 - 88190548）
本社质量投诉电话：010 - 88190744
打击盗版举报热线：010 - 88191661　QQ：2242791300

前　言

投资房地产是大众最喜欢的被动收入方式之一。因为这种投资方式只要选对优质地段，无须担忧租客。假以时日，地段升值，房主就能在赚取租金之余，又能从差价获益，一举两得。

投资房地产需要支付首付或全款购买，这两种支付方式均动辄需要数十万元甚至数百万元人民币，对普通人而言，是一笔相当大的投入，以致投资房地产成了许多人可望不可及的梦想。

其实，市场有一种金融投资工具——房地产信托基金（Real Estate Investment Trust，REIT），通过这种工具，就能以小资本（数百元即可）投资房地产，从中获得租金收益。

房地产信托基金始于1960年代的美国，传入亚洲也有超过20年的历史。发展至今，新加坡已经有超过40家房地产信托基金供投资者选择。其中，不少REITs在中国拥有资产，租户是来自当地的知名主体，如菜鸟网络、京东、烟草局等。

简单来说，只要投资REITs，投资者就能从上述知名主体处获得租金收益，何乐而不为呢？

在诸多金融投资工具中，REITs属于低风险项目之一。截至 2019 年，全球 REITs 的市值规模已经超过 2 万亿美元，占全球 GDP 比重逾 2%。全世界不少基金机构也把 REITs 视为必备的投资组合之一，这是因为 REITs 每年都能稳定地派息，且长期的投资回报率也相当可观。

虽然 REITs 属于低风险且回报可观的项目，但许多人对此并不了解。因此，笔者希望通过本书，对有意投资 REITs 的投资者提供指引，使其少走冤枉路。

言　月

2021 年 12 月 23 日

目　录

第一章　股票起源

甲：我想做些投资，但是本钱不多，请问有什么办法？

乙：如果本钱不多，不妨考虑投资股票吧！毕竟股票的投资门槛比较低，而且也容易变现。

甲：股票这种东西，是有钱人的工具，没有所谓内幕消息（tips），很难赚钱，而且很容易被割韭菜。再说，要天天盯着电脑，上班时间被领导逮到，恐怕被炒鱿鱼。

乙：你这样的说法，恐怕是不了解股票的本质。如果了解股票本质，应该就不会这样说了。

甲：有何高见，可以说来听听吗？

乙：先说说股票的历史。17 世纪时，欧洲不少国家对东南亚货品如香料有很高需求，也因此使得航运业发达。具备航行能力的人，便向大众筹集资金，通过筹集的资金，成立船队。

组建船队后，船长便到东南亚一带寻找货物，再把货物分销到各地。扣除成本后，把所有利润按比例派发给当时出资的大众。后来，这种方法就慢慢演变成为今天的股票制度。用现代话来说，当时的出资人就是股东，而船长就相当于上市公司管理层，当时派发的盈利，就相当于现在的股息。

甲：这和投资股票有什么关系？

乙：有能力却没有资金，或有资金却没有能力，这种情况比比皆是。因此，股票市场的诞生，让这两类人可以进行互补。说白一点，股票市场是公司将股票卖给大众的场所，并以此筹集资金。筹集资金的公司经营生意并从中获利后，便会把部分盈利派发给股东。

买了上市公司的股票后，就是上市公司的股东。只要该上市公司业务成长，那么盈利也会不断走高。如果每年盈利增长，股息也会相应走高，当股息走高时，股价自然也一起走高。反之，公司亏损连连，那就不可能派发股息，股价更加不可能会涨。投资这样的公司，投资者有可能获利吗？

甲：听你这么一说，买上市公司股票前，必须确保相关公司的经营是有盈利且可以派发股息的，才有机会赚钱，是吗？

乙：没错，如果一家公司亏损连连，那么投资价值就不大了，最好敬而远之。

甲：问题是我要如何知道上市公司盈利状况呢？

乙：非上市公司很难得知其盈利情况，但要查找上市公司的盈利就方便多了。根据新加坡交易所条例，上市公司每年需要定时通过交易所公布业绩报告，一年 2 次至 4 次，然后公布 1 份年报（Annual Report）。

季报主要是针对 3 个月以前的营运状况进行说明，而年报则是总结过去一年的公司营运状况及未来发展计划，定期披露这些报告是为了保护投资者利益。

这些资料都可在新加坡交易所的网站下载，且无须付费。交易所网址是 https：//www. sgx. com/research - education/market - updates，或者在搜寻网站输入关键字，如“SGX”或“新加坡交易所”就行了。

甲：新交所网站，有非常多资料，请问应该如何查阅资料？

乙：先选择“证券”栏目里的“价格及筛选器”，点击“股票筛选”（见图 1 - 1），就能看到新交所上市公司的名单了（见图 1 - 2）。

图 1 - 1　SGX 股票筛选器

选择条件

请选择板块

营业总收入（百万元）	市值（百万元）	市盈率	收益率（%）
最小值 -4 / 最大值 1,742,952	最小值 0 / 最大值 7,041,985	最小值 0 / 最大值 1,773	最小值 0.00 / 最大值 304.00

显示较多筛选项

686
家公司（通过 0 个条件从 686 家股票中筛选出）

重设筛选条件

下载 定制

交易名称	交易...	RIC	市值（百万元）	营业总收入（百...	市盈率	收益率（%）	板块	GTI 得分
3Cnergy	502	CNER.SI	SGD 39.872	SGD 0.147	-	-	Real Estate	44
8Telecom (八方电信)	AZG	ETEL.SI	SGD 8.002	SGD 0.802	-	-	Technology Equipment	57
A-Smart (速印控股)	BQC	ASMA.SI	SGD 27.577	SGD 5.268	-	-	Industrial & Commercia...	61
A-Sonic Aero (A-SONIC宇航)	BTJ	ASON.SI	SGD 34.21	SGD 352.665	4.03	1.18	Transportation	57
ABR	533	ABRH.SI	SGD 96.478	SGD 80.865	15.74	4.17	Food & Beverages	56
Abterra (天益)	LSI	ABTR.SI	SGD 12.965	SGD 5.49	-	-	Energy - Fossil Fuels	-6
Abundance Intl (沣裕国际有限公司)	541	ABUN.SI	SGD 53.831	SGD 756.213	23.02	-	Industrial & Commercia...	65
Accrelist Ltd (亚连盛有限公司)	QZG	ACCR.SI	SGD 24.144	SGD 151.265	-	-	Technology Equipment	-

图 1－2　股票筛选器筛选公司名单

甲：那么多公司，我要如何做选择？

乙：以新加坡华侨银行为例，选择这家公司后，点击进去，就会看到公司基本资料（见图 1－3），包括概述、估值、财务、股利（股息）、股东（大宗股票持有者）等信息。

OCBC Bank (华侨银行) (O39 / OCBC.SI)

行业

Banking & Investment Services　Banks

该公司财报采用以下货币单位：SGD

▲ 11.470

+0.08 / 0.702%

截至于 2021年9月23日下午12点46分

概述　估值　财务　股利　股东

上一日开盘价	11.400	上一日最高价/最低价	11.450 - 11.360
上一日成交量	4,216	上一日收盘价	11.390
上一日收盘日期	2021年9月22日	52 周最高价/最低价	12.770 - 8.360
5 年 Beta 值	1.17	已发行股票数量	4.50B
3 个月平均成交量	104.00M	标准化稀释每股收益	0.79
未经调整的 6 个月成交量加权平均股价	11.98443	调整后的 6 个月成交量加权平均股价	11.98249
总市值	51,423.15M		

图 1－3　华侨银行基本信息界面

初学者，不妨看看股利的部分（见图 1－4），因为只要股利稳定派发，而且每年都有增长的趋势，就可基本说明公司经营有方，具备派发股息的能力。

概述　估值　财务　**股利**　股东

除净日	股权登记日	股利发放日	细节
2021年8月13日	2021年8月16日	2021年8月26日	股息：每股股息0.33新元
2021年5月10日	2021年5月11日	2021年6月25日	1现金期权
2021年4月7日	2021年4月8日	2021年5月24日	1现金期权
2020年11月12日	2020年11月13日	2020年12月29日	1现金期权
2020年8月14日	2020年8月17日	2020年10月5日	1现金期权
2020年5月12日	2020年5月13日	2020年5月26日	股息：每股股息0.33新元
2020年5月12日	2020年5月13日	2020年5月26日	股息：每股股息0.33新元
2019年11月18日	2019年11月19日	2019年11月29日	股息：每股股息0.3新元
2019年8月5日	2019年8月6日	2019年8月20日	股息：每股股息0.3新元
2019年5月17日	2019年5月21日	2019年5月31日	股息：每股股息0.3新元

图1－4　华侨银行股利派发情况

细心留意就不难发现，华侨银行每年同样的月份都会宣布派发股息，说明其业绩稳定。

善用这些数据，就可以找到很多资料了。如果能把相关公司所有的公告全部仔细看完，那就可以更全面地分析相关公司的基本面了。

甲：好，那我现在去查阅相关上市公司资料。

乙：要记得，你了解公司越多，风险就越低。

甲：好，谢谢！

荷兰阿姆斯特丹交易所（见图1－5、图1－6），亦是全球第一所交易所。

图 1－5　荷兰阿姆斯特丹交易所（1）

图 1－6　荷兰阿姆斯特丹交易所（2）

总结：

投资上市公司股票，所关注的首要条件是盈利！

投资上市公司股票，所关注的首要条件是盈利！

投资上市公司股票，所关注的首要条件是盈利！

重要的事必须说三次。

任何公司只要盈利无法达到预期，股价就很难有成长空间。

万变不离其宗，只要谨守“盈利为王”的原则，投资股票大概率不会亏损。

＊文中提及的公司，仅为举例说明，并非买卖建议。

第二章　纸上房地产——REITs

甲：作为初学者，应该投资什么类型的公司比较好？

乙：我建议投资“纸上房地产”，这类公司风险低、业务稳定、派息大方、回报也高。只是回报期限比较长而已。

甲：什么是“纸上房地产”？为何说这类公司派息大方呢？

乙：所谓“纸上房地产”，是指REIT，全名为Real Estate Investment Trust，也就是房地产信托公司。这类公司在股票市场中属于风险较低的类别，由于其业务很稳定，也容易理解其操作，所以非常适合初入门投资股票的投资者。

甲：那么REITs是从事什么行业？为何说风险比较低？

乙：REITs主要是收购各种商用房地产，再把这些资产出租给不同的单位，扣除所有成本以后，管理层再把剩余的盈利，充作股息派发给股东。

REITs的盈利来源是租金，所以业务也相对稳定。

想象一下，现在眼前有一项大宗商用资产（见图2－1），作价5亿元人民币，普通人根本没有能力买下。但是我们将这项资产切割成5亿个单位（见图2-2），那么每个单位只要1元，就能买下了。

图2-1　大宗商用资产

图2-2　分割后的大宗商用资产

甲：听起来不错，但世上哪有那么好的事?

乙：房地产信托基金起源于美国，在房地产信托基金诞生以前，投资大宗房地产是富豪及金融机构的专利，长此以往，对社会有极为不健康的影响。

20 世纪 60 年代，时任美国总统的艾森豪签署了相关法令，从此投资商用房地产不再是权贵的特权，平民百姓的小额资金，也有能力投资，获得租金。

经过几十年的发展，REITs 已经成为全球各国金融市场重要的投资工具之一，新加坡更是亚洲 REITs 的重要市场。

虽然说 REITs 是新兴起的投资项目，但其已经有数十年的发展历史，再加上获得各个政府监管部门批准，所以有一定的保障。

甲：那么我该如何判断 REITs 价值呢？

乙：新加坡的法律规定，不管盈利多寡，REITs 必须派发至少 90% 的盈利，因此，REITs 一定会派发股息。更重要的是，在新加坡条例下，REITs 所派发的股息，完全免税。

甲：那么我该如何买进呢？

乙：投资 REITs 与投资普通上市公司股票走一样的程序。你要先到证券公司开户，这个账户是专门投资股票的账户。买卖程序与过程，就取决于个别证券公司的要求。

甲：投资 REITs，有什么相关规定吗？

乙：只要是成年人，都能参与股票投资，新加坡 REITs 买卖的最低条件为 100 股。假设 A - REIT 的股价为 1 元新币，那么最少要 100 元新币，才可以买下 A - REIT。如果股价是 5 角新币，那么只需要 50 元新币，就可以买下 100 股了。

余下印花税及手续费，则须视个别证券公司的收费标准而定。

甲：如果我要买10万股，而股价是1元新币/股，不包括手续费在内，那我投资成本就是10万元新币对吗？

乙：没错，就是这个意思。

甲：那么有什么REITs可以推荐？给我股号，我马上买进。

乙：买股最大忌讳就是一味听别人建议，而没有自己做功课。一旦投资失利，就会埋怨别人。对于不愿花时间研究的人，我不推荐任何股票。

甲：那么分享你投资方法，总可以了吧？

乙：这个没问题。REITs业务主要是出租资产，且派发稳定股息，因此必须注意REITs每年净利及派发的股息。

年报与季报就是最好的资料来源，如果能亲自到相关产业所在地观察，那就再好不过了。

甲：为什么要亲自考察呢？

乙：投资房地产首要的三个条件是什么？

甲：我认为第一是地点，第二是地点，第三还是地点。因为只要地点好，不管是升值空间，还是日后调涨租金，也不会太困难。

乙：没错，REITs既然是以出租房地产为主营业务，眼见为实，且此类观察也很容易，到现场观察后，自然就知道该产业的出租率及地点的优劣了。所以，投资REITs以前，最好自己到相关地点观察。

甲：可以说说更具体的例子吗？

乙：你觉得中国北京朝阳区的凯德 MALL · 望京（见图 2－3）这座商场如何？

图 2－3　中国北京朝阳区凯德 MALL · 望京

甲：朝阳区是北京的金融区，而望京一带属于新经济商圈，不少世界 500 强在此设立分部，居住人口也是中产阶层为主。

虽然我没去过，但能在此地设立商场，肯定不简单。

乙：这就是了，你能用这样的方法分析，其实参透了一大半。房地产的地点、周遭设施、人口素质等，都是需要考虑的因素，如果各项条件越好，那么租金也就越高了。

若想要更安全一点，那就亲自到访，眼见为实。

甲：如果没有办法实地考察，该如何呢？

乙：对初学者而言，实地考察是投资 REITs 的必要条件，因为实际查看，会更安心。

若无法观察，只能从年报下手。

甲：什么是年报？

乙：REITs 是上市公司，凡是上市公司，每年都必须公布一份年报，说明公司过去一年的经营情况，同时也要发布对未来的展望，以便投资者了解公司的发展。

甲：研读这些年报，就能赚钱？有那么容易吗？

乙：研读年报，未必赚钱，但不研读，亏钱的概率绝对很大。而且研读越多越深，越了解公司的背景及未来发展计划，那么投资成功的概率就会高很多了。

甲：那么你教教我如何研读吧！

总结：

"纸上房地产"的概念听起来不可思议，但这种投资方式其实已经问世超过 60 年了。

得益于这项投资方式的问世，使得笔者有机会以文科背景进入股票投资界，主动研读各种股票类书籍，从而积累了一定股票投资知识。

每当笔者外出聚会时，总会把地方选在所投资的"房地产"（商场）处。一方面可以观察此地人流量；另一方面，在自己所购的"房地产"处消费，部分款额最终会回到自己的口袋，有种肥水不流外人田的感觉。此外，看着其他人在此处消费，仿佛看到了一张张移动的“钞票”，最终慢慢飞向自己的口袋。

这种感觉，真的很爽啊！

*文中提及的公司，仅为举例说明，并非买卖建议。

第三章　年报注意事项

甲：研读年报是了解公司信息的重要方法，问题是新加坡 REITs 年报那么厚，多达数百页，而且全是英文，如何研读？

乙：年报虽然很厚，但其实有一定的格式，只要用对方法研读，那么也就不难理解了。

甲：那你是如何研读年报的呢？年报那么厚，1 小时也看不完，感觉很累。

乙：我第一次研读年报时，撇开账目，大概花了 5 个小时，才对 REITs 有了大致了解。第一次研读年报比较耗时间，不过，以后研读只需花 1—2 小时。

简单来说，有 5 个部分我会非常注意，分别是 5 年账目图表、董事长①与管理层致辞、董事会背景、房地产资讯与租户及 20 大股东。

甲：5 小时未免也太花时间了，再说，5 个部分就足以让你了解公司发展现状及前景了吗？

---

① 即 Chairman of the Board。

乙：就我走过的路来说，5 小时研读一本年报虽然很辛苦，但受益却是终身的。

这 5 小时为我日后带来稳定的被动收入，难道不值得吗？

另外，年报必看的 5 个部分，皆有不同含义，当了解后，我不敢保证会赚取高回报，但亏损的可能性就很小了。这 5 个部分如下。

（一）5 年账目的图表（见图 3－1）

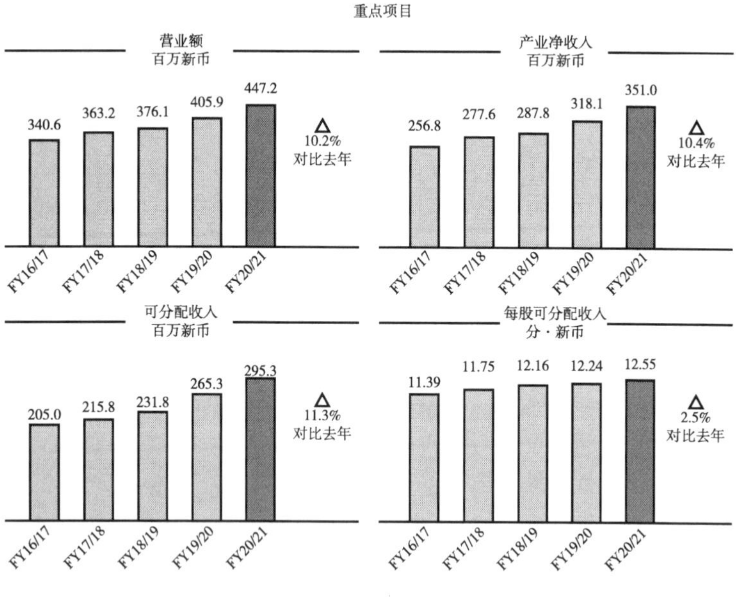

图 3－1　5 年账目图表[①]

一般来说，这一部分会透露该公司过往 5 年的营业额

① 原图为英文版截图，中文内容由作者译。

(Revenue)、产业净收入（Net Property Income，NPI)、每股净利（Earning Per Share，EPS)、每股股息（Distribution Per Unit，DPU)、债务等资讯。

这几个数据中，最应重视的是 NPI 及 DPU。只要这两项数据不断增长，即使只是小幅增长，也代表公司收入越来越高，从而可以看出该产业相当值钱。

（二）董事长与管理层致辞（见图 3－2、图 3－3）

这部分主要叙述过往资产运营情况及未来展望，管理层会告知股东们资产未来的走势与安排，租金是否可调涨，未来成长策略等，皆在文中。

管理层的公告越详尽，就说明该公司的透明度越高。如果管理层只是以简单的词句，如“营运环境充满挑战，来年将谨慎看待”之类的话，敷衍交代，恐怕此公司的管理层并非优质人才。

致投资人：

2020—2021年，全球经济深受新冠肺炎疫情影响，为了遏制病毒传播，世界各国政府对边境进行封锁和限制，并且出台了隔离政策，这些政策使得经济混乱及放缓，中美贸易战也加剧了宏观经济的不确定性。

支持我们的利益相关者：

在此困难之际，我们果断采取行动支持我们的利益相关者。2020—2021年，我们减免了约1 270万新元的租金以支持租户，其中包括丰树信托的COVID-19援助和救济计划以及法定租金。我们优先考虑受业务量下降和供应链中断影响的中小企业。此外，我们还根据具体情况向租户提供了使用现金保证金支付到期租金和租约调整等额外支持措施。丰树信托在新加坡和北美的所有物业仍然开放，以维持租户的基本服务。本企业已采取预防措施，保障员工及租户的安全。我们还为员工提供各种健康资源和数字工具，以确保业务的连续性。

图 3－2　董事长与管理层致辞[①]

---

① 原图为英文版截图，中文内容由作者译。

2019年新型冠状病毒传播还加速了数字化和云应用，远程工作、视频多媒体和在线游戏的使用增加，这将支撑对数据中心空间的持续需求。在我们的战略中，重塑和建立更高价值的资产组合，以利用这种结构性趋势并从新的增长领域吸引用户，仍然是关键。我们将加强投资组合的再平衡工作，以建立一个有弹性的投资组合，能够承受短期的波动，并适应不断变化的商业环境。

图 3－3　董事长与管理层致辞[1]

（三）董事会背景（Director Profile）（见图 3－4）

THAM KUO WEI

执行董事兼首席执行官

THAM KUO WEI先生是该基金的执行董事兼首席执行官。

在加入基金管理公司之前，他曾担任保荐人工业业务部门的副首席执行官（2009年8月）和首席投资官（2008年4月至2009年8月），负责构建、建立和管理新加坡及该地区的房地产投资平台。

THAM先生拥有新加坡国立大学工程（荣誉）学士学位。

图 3－4　董事会背景[2]

好的董事会，可以化腐朽为神奇，将业务转亏为盈，精益求精。反之，素质不佳的董事会，即使手握优良的资产，也未必可以交出令人满意的业绩答卷。因此，身为小股东，必须了解董事会背景，以防所托非人。

---

[1][2]　原图为英文版截图，中文内容由作者译。

年报中，将会披露董事会中各董事的过往学历、工作经验及在不同机构曾出任的职位情况。

管理层成员可能具有家族企业背景，也可能是外部聘请的企业经理人。总之，了解董事会背景，可以让你更安心。

（四）房地产资讯与租户（见图3－5）

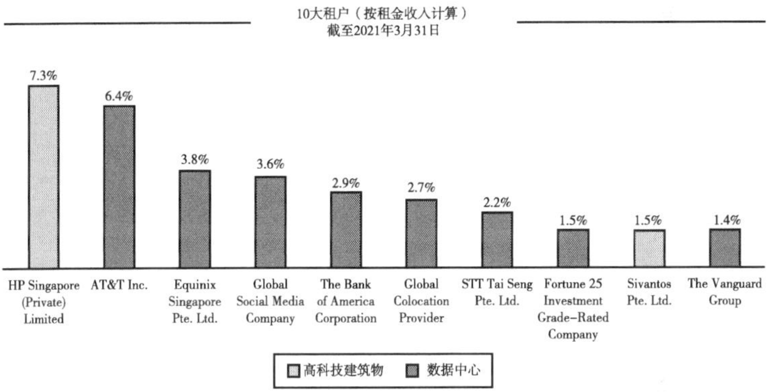

图3－5　REITs产业资讯与租户

REITs旗下的资产多则数十项，少则一两项，分布于世界各地，出租率也有所差异。这个部分会告知投资者相关资产地点、收入、租客、租约期限等信息。

处于黄金地段的优质资产，意味着其未来有足够的资格去调高租金；反之，可能需要下调租金以挽留租客。资产的出租率越高，意味着租金收入越高。

另外，我们也可以观察租约期限，如果租约在今年到期，那我们就能从中预期明年 REITs 的盈利能力了。

（五）20 大股东（见图 3－6）

20大股东

排序	股东名称		持有股数	%
1	丰树Dextra公司	Mapletree Dextra Pte. Ltd.	628 027 959	26.71
2	星展银行代理（私人）	DBS Nominees (Private) Limited	414 249 589	17.62
3	花旗银行新加坡代理	Citibank Nominees Singapore Pte Ltd	382 374 104	16.26
4	汇丰银行（新加坡）代理	HSBC (Singapore) Nominees Pte Ltd	225 147 703	9.57
5	DBSN服务公司	DBSN Services Pte. Ltd.	175 746 592	7.47
6	莱佛士代理	Raffles Nominees (Pte.) Limited	91 707 333	3.90
7	BPSS代理	BPSS Nominees Singapore (Pte.) Ltd.	58 924 047	2.51
8	丰树工业信托管理公司	Mapletree Industrial Trust Management Ltd.	18 715 715	0.79
9	大华银行代理（私人）	United Overseas Bank Nominees (Private) Limited	15 940 529	0.68
10	辉立证券	Phillip Securities Pte Ltd	10 458 734	0.44
11	荷兰银行结算银行	ABN AMRO Clearing Bank N.V.	7 778 500	0.33
12	摩根士丹利亚洲（新加坡）证券	Morgan Stanley Asia (Singapore) Securities Pte Ltd	7 041 772	0.30
13	华侨银行证券	OCBC Securities Private Limited	6 681 434	0.28
14	DB代理	DB Nominees (Singapore) Pte Ltd	6 627 789	0.28
15	华侨银行代理新加坡私人公司	OCBC Nominees Singapore Private Limited	6 041 058	0.26
16	奕丰金融集团	iFAST Financial Pte. Ltd.	6 026 517	0.26
17	大华继显	UOB Kay Hian Private Limited	5 293 122	0.23
18	法国兴业银行新加坡分行	Societe Generale, Singapore Branch	4 527 637	0.19
19	银河联昌（新加坡）证券	CGS-CIMB Securities (Singapore) Pte. Ltd.	3 777 292	0.16
20	马来亚银行金英证券	Maybank Kim Eng Securities Pte. Ltd.	3 776 682	0.16
	总计		**2 078 864 108**	**88.40**

图 3－6　20 大股东①

新加坡每家上市公司的年报，都会将股本及持有该公司最多股份的前 20 位股东列在其中。这 20 位股东，除了原创始股东外，绝大部分的股东为海内外的不同基金机构等。

这些基金机构，在投资以前，必然是对相关 REITs 做了详尽的调查。只要看到这些基金机构，相信其投资的 REITs 必有个中价值。

优质 REITs 是散户及基金机构的“宠儿”，每个人都希望持有，因为每年除了可以获得增长的股息之外，股价也能

① 本章图片皆取自 Mapletree Industrial Trust 年报。

小幅增长。而且，买对了优质 REITs，且长期持有，那年老之时，这些 REITs 就是金母鸡，不断生金蛋（派息），提供绵绵不绝的养老金。

当基金机构在一家公司 20 大股东中占有一定比例时，相信该公司大概率具备一定的投资价值，可列入研究。

当然，相关基金机构也有可能犯错，因此，基金机构持有相关股票，只是符合研究条件，而非投资条件，这点必须多加注意。

甲：听你这样说，我就有初步研究方向了，看来我得花费点时间去研读年报了。只是全是英文，研读很花功夫，当年的四、六级英文全还给老师了。

乙：英文是全球商业通用语，英文欠佳，确实比较吃亏。但年报的英文用词并没有很难，再者，我们可以使用软件翻译。

虽然软件翻译不能达到 100% 的准确率，但也足够让我们了解年报所反映的信息了。

甲：原来还可以这样，谢谢你的分享。

总结：

研读全英文的年报，真的很耗费脑力。但花几个小时研读，除了能掌握终身受用不尽的知识外，还能获得收益。

就个人而言，自离开学校以后，如此认真地阅读过的英文资料，也就只有上市公司的年报了。

为了降低投资股票的风险，研读年报比在学校上课时学习文化课知识更加认真。如此认真研读年报，当然只为了两个字——赚钱。

*文中提及的公司，仅为举例说明，并非买卖建议。

第四章　REITs 年报术语

甲：虽然你解释了阅读 REITs 年报的重点，但年报中有不少专业术语，我又不是金融科班出身，真的无法学会。

乙：我以前也只是一个中学历史老师，不是金融科班出身，对于金融知识同样是边投资边学习。过程虽然辛苦，但学会后，受用不尽。

甲：这些专业术语全是英文，不容易理解。

乙：其实只要注意几个部分就可以了，我把我所会的知识分享给你吧！我以新加坡星狮地产信托（Frasers Centrepoint Trust）的年报为例，这样就比较容易说明了。

1. 选定的损益表和分配数据（见图 4－1）

集团 截至9月30日	2016年度	2017年度	2018年度	2019年度	2020年度
选定损益表和分配数据					
收入总额	183 816	181 595	193 347	196 386	**164 377**
产业净收入	129 852	129 558	137 186	139 283	**110 888**
可分配收入	108 101	110 615	111 316	118 718	**101 146**

图 4－1　选定的损益表和分配数据

（1） Gross Revenue：公司整体收入；

（2） Net Property Income （NPI）：产业净收入；

（3） Distributable Income：可分配收入，这是派发给所有股东股息的总额。

2. 选定的资产负债表数据（见图 4－2）

选定资产负债表数据（百万新元）					
总资产	2 594.5	2 750.9	2 840.4	3 610.9	**3 883.4**
总负债	734.0	798.0	813.0	1 042.0	**1 255.0**
净资产	1 775.6	1 872.2	1 933.8	2 471.0	**2 538.3**
资产组合价值	2 509.0	2 668.1	2 749.0	2 846.0	**2 749.5**

图 4－2 选定的资产负债表数据

（1） Total Assets：总资产；

（2） Total Borrowings：总负债；

（3） Net Assets：净资产；

（4） Value of Portfolio Properties：资产组合价值。

3. 其他财务指标（见图 4－3）

其他财务指标					
每股分红（分·新元）	11.764	11.90	12.015	12.070	**9.042**
单位资产净值（新元）	1.93	2.02	2.08	2.21	**2.27**
资产负债比	28.3%	29.0%	28.6%	32.9%	**35.9%**
利息覆盖率	7.33	6.85	6.25	5.74	**4.95**
市值（百万新元）	2 021.2	1 946.4	2 102.9	3 058.6	**2 675.5**

图 4－3 其他财务指标

（1） Distribution per unit （DPU）：每股分红；

（2） Net Asset Value per Unit：单位资产净值；

(3) Ratio of Total Borrowings to Total Assets (Gearing)：负债资产比率，负债比；

(4) Interest Coverage：利息覆盖率；

(5) Market Capitalisation：市值。

一般来说，只要关注这几项数据及其背后的意义，对公司的基本面就大致心里有谱了。

甲：有了中文翻译是简单多了，但有些东西还是不太明白，比如说负债比及利息覆盖率等。

乙：虽然这些财务术语看起来很复杂，其实不必全部都懂，只要重点理解几个指标就够了。

就我个人认为，我最重视的是每股分红、产业净收入、负债比这 3 项。

先说每股分红，当然就是每位股东可以获得的股息收入。只要每年分红增长，作为股东，每年领取的股息就会越来越多。

产业净收入，就是公司各项租金收入扣除维修费等各种成本费用后剩余的收入。

负债比就是反映公司的贷款能力，负债比越低，代表 REITs 能借贷的能力越高。

甲：借贷能力高，是否会造成日后债台高筑，以后无法还债？

乙：这点不用担心，为避免公司胡乱借贷，新加坡法律有限定，REITs 的负债比，不可超过 0.5（或 50%）。

换句话说，REITs 负债比越接近 0.5，借贷能力就越低，负债比越小，借贷能力就越高。

一般来说，只要负债比低于 0.4，REITs 就有能力进行借贷了。

甲：那么利息覆盖率是什么意思呢？

乙：这是衡量公司是否有能力支付利息的指标。如果比率低于 1，代表公司连支付银行的利息都有困难，存在一定危机。

甲：如何计算？

乙：虽然有详细的计算法，但我觉得没有必要去了解太多计算方法。毕竟年报已经有了相关数字，没有必要再计算。

甲：但不了解计算方法，如何知道公司是否有做假账？万一出现假账怎么办？

乙：第一，REITs 属于低风险投资，花时间做假账，就时间及成本来说，一点也不划算。而且，每年都有专业的会计师事务所如毕马威等会计师事务所进行审计，所以不用担心太多。

第二，REITs 的主要大股东，多半是政府主权基金[①]、基金机构、保险机构等，这些机构都有专业人士监督。

这两种因素使我认为 REITs 不大可能会出现假账，特别是

---

① 主权国家政府所建立并拥有，用于长期投资的金融资产或基金，主要来源于国家财政盈余、外汇储备、自然资源出口盈余等，一般由专门的政府投资机构管理。

第一项，一旦被揭发做假账，需要面临牢狱之灾，代价太大了。

甲：真的不用担心假账的问题？

乙：新加坡 REITs 从 2002 年设立以来，我未曾听过 REITs 有发生假账事件，何况新加坡是国际金融重镇，监管相当严格。

要当上 REITs 的高管，并不是一件容易的事，与其违法走捷径，不如实打实干，比较实际稳妥。

甲：你说的也有道理，我再研究研究。

总结：

术业有专攻，每个行业都有自己的行业规定。虽然规定有所不同，但涉及财务方面的专用术语都是一样的。

绝大部分的投资者，都不是会计科班出身，当然很难理解所有财务术语所包含的意思，但只要了解基础的财务术语，也可以做到百战不殆。

第五章　季　报

甲：谢谢你分享年报快速研读法，经过你的指导，我照着研读，确实理解了很多内容。另外，你说过除了年报还有季报，请问季报又应如何研读呢？

乙：年报是让你了解公司过去的营运情况及未来较长一段时间的发展计划，季报则帮助你了解过去 3 个月的业绩变化。

同时，也会透露各项财务数据，让市场了解公司的财务状况。

季报会透露公司过去 3 个月的业绩，包括营业额与盈利起落原因，以及会附上简短的未来展望。投资者可从中判断管理层是否达标。

有的还额外制定简易版季报，总计数十页，图文并茂，让投资者省却了不少麻烦。

甲：我不是会计专业，加上对数字不敏感，要如何判断啊？

乙：优质及经营透明度高的公司，即使投资者不是会计类专业出身，也是有办法了解公司的近况的。

我就用新加坡丰树工业信托（Mapletree Industrial Trust）做例子，你可以参考参考。

丰树工业信托在每个季度后，都会在官网发布4份通知（见图5－1），分别是新闻稿（Press Release）、财务报表（Financial Statement）、企业简报（Presentation Slides）及股息记录日与派息日（Notice of Record Date and Distribution Payment Date）①。

图5－1　丰树工业信托季度汇报

甲：这4个项目代表什么意思？

乙：新闻稿主要是公布公司该季度的盈利状况及未来发展情况，内容主要是针对非会计背景人士撰写的，所以不是很难理解。

财务报表反映公司内部的现金流、资产状况、应收租金等，披露更多财务数据。

① 取自：丰树工业信托官网 https：//www. mapletreeindustrialtrust. com/Investor－Relations/Financial－Information/Financial－Results. aspx。

每家REITs旗下的资产少则一项，多则数十项，甚至过百项，且分布在不同的地区，新闻稿及财务报表只是简单叙述。因此，部分企业会制作更详尽的企业简报，以图文并茂的形式呈现，方便研读。

在企业简报中，公司多半会透露现有的出租率、收购计划、租户等信息。

股息记录日及派息日的部分，顾名思义，就是告知市场投资者该季度的股息的除权日及派息日。

如果除权日是5月5日，则5月5日前持有该REIT，就能享有股息权益。如果5月5日当日买进，则不享有股息。

甲：5月5日当日卖出或买进呢？

乙：简单来说，除权日是5月5日，只要在5月4日当天持有REITs股票，就可以获得股息，5月5日当天卖掉REITs股票，依然可以享有股息。

若在5月5日当天才买进，就无法享有股息了。

甲：原来如此。

乙：企业简报呈现的方式，比年报更简洁。一般来说，只要读过企业简报，对公司的业务就已经有一定程度的了解了。

对我而言，愿意制作企业简报的企业，可在企业的透明化程度一项上加分，因为投资者无须花费太多时间，就可以知道公司的营运状况。

甲：那么凡是制作企业简报的REITs，透明度那么高，应该值得投资吧？

乙：以我的策略，最终还是会以资产质量为主。不过，有企业简报的 REITs，列入研究范围倒是无妨，毕竟阅读多一点，总是可以发现不同的观点，收获新的知识。

甲：那么这些企业简报可以在哪里下载呢？

乙：相关 REITs 公司的官方网站就有，而且都是免费下载，记得善用。

总结：

如果有亲友问你借了一大笔钱，我相信大部分人会不自觉地关心这位亲友的身体健康及工作状况，因为他的情况关乎你是否能顺利收回这笔借款。

同样的道理，既然把钱投资给了上市公司，作为投资者应该时刻关心该公司发展。季报能够反映上市公司的最新业务状况，研读越深，了解就越多，从而投资的风险就越低。

* 文中提及的公司，仅为举例说明，并非买卖建议。

第六章　研究 REITs 的步骤

甲：按你说的，我读了年报和季报，但还是无法捕捉要领，到底应该如何研究？有没有更生活化的方式可以分享？

乙：你买房前，会注意什么事项？

甲：不管是自住还是投资，我会考虑附近是否有超市、地铁、学校、CBD，是否交通便利等各种因素。

乙：为什么你会把这些因素纳入考量呢？

甲：你这个问法，不是多此一举吗？超市提供便利，地铁方便出行，学区房除了有利于孩子读书外，将来脱手或出租也比较容易。

乙：投资 REITs 也是同样的道理，只须将投资房产的道理套用在投资 REITs 上就行了。

因为 REITs 就是投资大宗商用房地产，道理基本相通。

甲：那么应该如何研究呢？

乙：我提出些假设性问题。假设现在你拥有一座商场，有两位商家向你求租，一家是世界 500 强知名品牌商，另外一家则是山寨品牌商。

知名品牌商每月愿意支付 1 万元人民币租金，而山寨品牌商每月愿意支付 1.2 万元人民币租金。

你愿意出租给知名品牌商还是山寨品牌商呢？

甲：当然是知名品牌商。

乙：为何？山寨品牌商愿意多支付 20% 的租金，1 年下来，就是 2.4 万元人民币，长期出租，不是一笔小数额。

甲：我选择知名品牌商当然有我的原因。

第一，知名品牌商是世界 500 强，意味着规模庞大、业务稳定，不必担心其无法支付租金。

第二，知名品牌商更容易吸引高消费人士，这些群体到来，无形中能带动更多消费，对商场而言，其他租户也能从中受惠。

第三，吸引力法则下，能带来更多知名品牌商入驻，此举能带来更多有素质的租户。好比说，麦当劳门市店附近也大概率会有肯德基，两者都能带来不一样的消费群体，对商场经营更有利。

如果选择山寨品牌商，缺点如下。

第一，没有过往的品牌发展历史参考，无法得知业务是否稳定。

第二，山寨品牌商未必能带来更优质的租户。

第三，吸引力法则下，山寨品牌商未必能吸引高消费人士，人流欠缺的情况下，商场未来就无法调高租金了。

综合各方面考虑，我认为山寨品牌商虽然支付较高的租金，但长远未必会带来更好的发展，所以选择知名品牌商比较安全。

乙：你的分析很有道理，租客素质将会影响你的商场发展，将同样的研究方法套用在 REITs 上，其实也是通用。

甲：问题是我要如何知道 REITs 的租户有哪些呢？

乙：这就是 REITs 的好处，作为上市公司的一份子，REITs 会把自己的租户名单公开，我们可以从中判断。

比如，新加坡丰树大中华商业（Mapletree Greater China Commercial Trust）旗下租户包括了苹果、宝马、中国银行等（见图 6－1）①。

图 6－1　丰树大中华商业旗下租户

① 取自：丰树大中华商业官网。

这些资料都唾手可得，一点也不难。

甲：你说得那么容易，但要去哪里寻找这些资料呢？

乙：当然是 REITs 的官网及年报，只要细心寻找就能找到这些资料了。

作为上市公司的一份子，REITs 有责任及义务公布主要租户名单。

甲：你会抱着怎样的心态来研读年报？

乙：如果有亲友要求你出资投资生意，你觉得亲友应该怎么做？

甲：要我出钱投资，亲友当然要主动告诉我该行业的一切，包括行业展望、赚幅、成本、现金流的运用等。毕竟是对方需要资金，我有权利知晓一切。

乙：如果亲友一问三不知，反过来要自己去寻找答案，这样你还会投资吗？

甲：没可能，要我出资，还要我自己找答案，这不可能。

乙：说得没错，在研读年报时，就应该抱着这种态度，管理层应该为你解答一切。

甲：这些管理层，管理着数十亿元甚至上百亿元的资产，哪有时间与我们会面，把生意解释清楚？

乙：所以这就是我花 5 小时研读年报的原因。每当在研读年报时，应该把自己想象成投资人，在心态上抱着“不是我要主动投资，而是管理层需要我的资金，所以他们应该主动告诉我一切详情”的想法。

当然，除了股东大会外，我们没有太多渠道与管理层会面，因此，我会把年报想象成管理层正在汇报业务，自行寻找可投资的蛛丝马迹。

甲：难怪你会花上那么多时间研读年报。

乙：其实，第一次研读年报需要花的时间确实比较长。但只要了解后，平常再追踪公告，研读年报的时间就会大大缩减。现在研读年报大概只需花 1 小时而已。

甲：1 小时也是蛮耗时间的，难道没有快速方法吗？比如，看其他知名博主的视频或文章？

乙：知名博主的视频或文章固然可以作为参考，但只是代表了其个人观点，对方了解，不代表你懂。

天下没有白吃的午餐，凡事必须亲自努力，不辛苦不可能获得成功。再来，别人研究后把心得写出来，不代表你研读后就可以凭此完全了解公司。

你没清楚了解，在买进或脱手时，就没有十足把握，甚至很容易做错决定。

甲：不亲自研读年报，难道真的不行吗？

乙：对我而言，绝对是。就像以前在学校，如果只是抄作业，那么是无法学习个中知识的。

每天花半小时研读，1 个月就研读了 15 个小时，每天抽出半小时，应该不是一件难事。

少刷手机，把打游戏的时间用在研读上，获得的知识是终身受用的。

甲：这倒是，以前只会抄作业，结果高考失利，分数线不达标，也无法考上好的大学。

以后得勤劳点，多花时间研读年报，争取在投资上获得更好的回报。

总结：

“不经一番寒彻骨，怎得梅花扑鼻香。”

很多人都希望通过捷径获得成功，但其实任何事情都要经历一番磨炼，才能更有把握。

作为投资者，我们是拿真金白银出来投资，因此有必要多做功课，且前期准备也并不十分烦琐，只要当作真正的房地产进行调查就行了。

投资房地产前，人们通常都会花很多时间做调查。投资 REITs 也是一样，只要把投资房地产的方法，用在 REITs 方面，也可以取得一样的效果。

＊文中提及的公司，仅为举例说明，并非买卖建议。

第七章　负 债 比

甲：听你解释投资 REITs 的好处以后，我还是有点不安心。

乙：哪一方面不安心？

甲：投资都有风险，过去发生 P2P 网络借贷、理财产品无法兑付，这些事件导致不少人亏损，甚至家破人亡，我真的有点害怕。

乙：其实不需要那么害怕，只要把功课做足，风险大概率可以降低。

甲：说得很容易，但要如何降低风险呢？就拿借贷来说，大部分上市公司都会通过借贷维持经营，万一借贷比例过高，无法还贷怎么办？

乙：这点你可以放心，REITs 借贷并非无上限借贷，而是有限制的。

根据新加坡的法规，REITs 的借贷杠杆率是 50%（见图 7－1），过去只有 45%，当地监管机构放宽了借贷额度，对 REITs 而言，此次修改使得其在经营上处于更舒适水平。

在新加坡，S-REITs的杠杆率上限为50%，这是由新加坡金融管理局(Monetary Authority of Singapore)规定的。这一限制从2020年4月的45%提高到目前的水平，目的是在新冠肺炎疫情的挑战环境中对S-REITs提供更大的灵活性来管理其资本结构（2021年2月22日）。

图 7－1 新加坡 REITs 借贷杠杆率限定 50%①

甲：这个杠杆水平安全吗？毕竟过往有些企业虽然说规模大到看起来很稳定，但最后还是面临危机。

乙：新加坡第一家 REIT 诞生于 2002 年，这么多年以来，并未有 REITs 因杠杆率过大而倒闭，而且通过可控制范围内的借贷，REITs 的规模也越来越大。

目前，新加坡已经是亚洲第二大的 REITs 市场，说明适当的杠杆率对 REITs 的发展是有益的。

甲：就当你说得通，合适的杠杆率可以让企业做得更大，但万一 REITs 遵守无法派息的承诺，那又应该如何？

乙：REITs 必须将 90% 的盈利派发给股东，这是法律条文规定的，必须遵守。过去 20 年，新加坡 REITs 未曾出现无法派息的情况。

甲：我想做最坏的打算，万一无法兑现派息诺言，应该怎么办？

乙：新加坡 REITs 并未发生过无法派息的情况，我真的无法回答你这个假设性的问题。再说，如果 REITs 管理层真的违

---

① 资料来源：https：//www. businesstimes. com. sg/companies – markets/s – reits – gearing – up – with – healthy – balance – sheets。原图为英文版截图，中文内容由作者译。

背诺言，他们将会惹上非常大的麻烦，这个麻烦可不是闹着玩的。

甲：为何这么说？

乙：新加坡部分 REITs 背后最大的股东是淡马锡控股（Temasek Holdings Private Limited），淡马锡控股是新加坡主权基金，属于全球数一数二的主权基金。另外，政府也持有 REITs 一定的股权，政府也是股东，所以风险很低。

此外，不少大型基金机构也有投资 REITs，因此 REITs 违规的现象很少见（见图 7－2）[①]。

截至2021年3月8日显著股东持股

依据管理层披露的信息，截至2021年3月8日，腾飞房地产信托大股东所持有的股数如下：

大股东名称	直接持股		间接持股	
	No. of Units	%[1]	No. of Units	%[1]
淡马锡（私人）控股（“Temasek”）	–	–	844 081 961	20.99

图 7－2　REITs 违规现象极少见[②]

甲：原来政府也持有 REITs，难怪你会这么有信心。

乙：其实政府的收入除了来自税收以外，有部分收入是来自 REITs 派发的股息，换句话说，REITs 也是政府的“水龙头”[③]。

如果 REITs 无法兑现，你觉得政府不会依法采取行动吗？

甲：听你这么一说，看来我也应该投资 REITs 了，但应该如何

---

① 图片来源：腾飞房地产投资信托。

② 原图为英文版截图，中文内容由作者译。

③ 即资金收入来源。

分析 REITs?

乙：首先从 REITs 所持有的房地产类型分析，其次是地点，然后是租户，只要这三个条件符合，多半就能考虑投资了。

甲：REITs 的资产有哪些?

乙：粗略分类，新加坡 REITs 的资产分别有商场、酒店、医护中心、数据中心、写字楼及工业资产这 6 种类型。

要如何分析，我下次再说。

总结：

除了盈利指标以外，债务指标也是判断企业是否健康发展的重要因素，而判断 REITs 的发展是否健康，负债率就是其中最好的一个指标。

如果一个人的资产负债率不高，说明其可以获得较高的贷款额，反之亦然。企业借贷也是如此。

第八章　资产的种类

甲：我决定投资 REITs 了，但应该如何作出选择呢？

乙：就投资 REITs 而言，第一条，就是了解资产种类。

新加坡 REITs 旗下资产分为数种，分别是商场、酒店、写字楼、物流中心、工厂、数据中心及医院。

甲：那么要如何判断其价值呢？

乙：最容易判断的资产，就是商场及酒店。撇开投资而言，作为商场消费者或酒店的住客，你会如何给商场打分？

甲：商场当然是要看人流，因为越多人到访，自然就有越多人在里面消费。如果商场没有人流，就代表没有人气，冷冰冰的感觉，自然不会再到访。

酒店则要看住客的满意度，各种硬件设施及食物等。若不满意，未来就可能会减少入住。

乙：你说得没错，消费者的感受非常重要，这些感受也可以说是衡量商用房地产的重要考量因素。

商场及酒店比较容易明白，因为这些都是我们日常生活可接触的。

甲：新加坡有些REITs遍布五大洲，资产少说也有数十个，怎么可能逐一实地考察呢？

像新加坡雅诗阁公寓信托（Ascott Residential Trust），这家REIT以酒店资产为主，虽然可以入住酒店考察，但旗下资产分布于15个国家、38个城市，有些国家的资产数量更是超过10个，我不可能全部都入住实地考察啊！

乙：酒店最重要的就是入住率，而且大品牌旗下的酒店，只要一家酒店设施令人满意，其他分店的表现一般不会差距太远，这是现代管理学的基本原则。

所以入住考察酒店，问题就不大了。如中国沈阳、大连的盛捷服务公寓就属于雅诗阁公寓信托名下的资产。

若有机会出游，不妨入住，自然就能知道其管理品质了。

甲：那么写字楼又应该如何判断？如果不是在该栋写字楼上班，根本无法得知内部状况。

乙：你愿意把房子出租给世界500强高管，还是刚毕业的年轻小伙？

甲：这要看我房子的条件，如果房子在高档地区，肯定是租给前者。

乙：撇开房子条件，我相信一般人都会优先给高管，毕竟前者收入高，可以获得比较稳定的租金。

刚开始参加工作的年轻小伙，在收入上可能没有那么稳定。而且现代年轻人可能会有“裸辞”的想法，想要去别的城市。要找租户替补，并不容易。

甲：这当然，那么和写字楼有什么关系？

乙：换个角度思考，写字楼当然也会出租给大品牌企业，毕竟大品牌比较安全。所以写字楼的租户如果属于大品牌，就能列入研究对象范围。

相关年报，就有主要租户的名单在内，这样不就知道有没有大品牌租户了吗？

甲：这个方法也不错。那么物流中心及仓库呢？这种资产一般偏离市区，很难实地考察啊！

乙：中国最杰出的电商公司有哪些？

甲：最顶尖的公司，当然是京东等公司。

乙：那么这些公司的快递量如何呢？

甲：不用说都知道，当然是非常庞大。

乙：著名物流品牌——菜鸟网络若是你的租户，感觉如何？

甲：当然好，那么优质的租户在手，收入就会很稳定了。

乙：新加坡丰树物流信托旗下 10 个最大的租户，其中两个就是菜鸟及京东了（见图 8－1）①。

甲：换句话说，丰树物流信托值得研究？

---

① 图片来源：丰树物流信托官网。

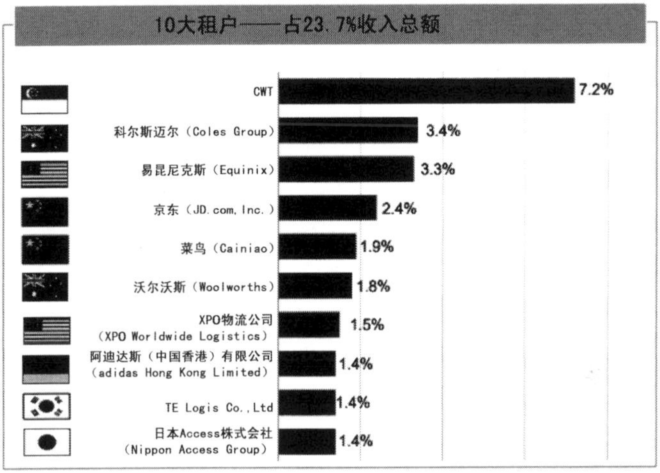

图 8－1　丰树物流信托旗下 10 大租户[①]

乙：可以这样说。其实不管任何资产，只要租户是来自大品牌，多半就值得研究了。

顶级品牌大概率能聚集顶级用户或消费者，所以两者存在必然的关系。只要用惯常思维思考，再研读年报，就能获得答案了。

甲：读了年报也无法获得答案呢？

乙：发邮件给相关公司。你要知道，你买了 REITs 公司的股票，就是公司的股东，有权利这样做。

上市公司有“投资者关系”（Investor Relation）部门，这个部门主要是解答投资者的疑惑的。

① 原图为英文版截图，中字内容由作者译。

甲：还有这种操作？

乙：年报上有邮箱，所以当时我有些疑虑，就发邮件问对方，没想到对方真的回答我了。自此以后，我又多了一个获取资料的方式。

甲：如果对方不回答你，那又应该如何呢？

乙：到时再说，反正多方面尝试，总是可以得到答案。

总结：

谨记“Know your company”——认识你的公司。

我们做投资就是希望有被动收入，以备其他用途。因此，了解所投资的公司非常重要。只有清楚了解自己所投资的房地产的类型，才能判断该房地产可能会招来怎样的租户。

只要把自己当成租户，就知道一家 REITs 是否值得投资了。

第九章　股息除净日

甲：REITs 在扣除营运成本后，会把 90% 盈利充作股息，派发给股东，对吗？

乙：没错。

甲：我要如何得知 REITs 何时或是否会派发股息？

乙：REITs 是上市公司，每年需要定期公布业绩。配合业绩公布，多半也会在同一天宣布派发股息。

所以，可以从公司过往的派息记录查找相关资料。你可以看看，每年都会固定日子宣布派息的（见图 9－1）[①]。

甲：那么除净日（Ex－Date）、股权登记日（Record Date）、股利发放日（Payment Date）及细节（Particulars）（见图 9－2），这几项又是什么东西？

---

① 图片来源：新交所官网 https：//www. sgx. com/zh－hans/securities/equities/K71U。

Keppel Reit (吉宝房地产信托) (K71U / KASA.SI)

▲ 1.080

+0.02 / 1.887%

截至2021年9月24日下午5点16分

行业

Real Estate　Commercial REITs

该公司财报采用以下货币单位：SGD

概述　估值　财务　**股利**　股东

除净日	股权登记日	股利发放日	细节
2021年8月3日	2021年8月4日	2021年8月27日	股息：每股股息0.0097新元
2021年8月3日	2021年8月4日	2021年8月27日	3现金期权
2021年2月25日	2021年2月26日	2021年3月31日	股息：每股股息0.0041新元
2021年2月25日	2021年2月26日	2021年3月31日	3现金期权
2021年2月1日	2021年2月2日	2021年3月1日	股息：每股股息0.0013新元
2021年2月1日	2021年2月2日	2021年3月1日	3现金期权
2020年7月27日	2020年7月28日	2020年8月28日	3现金期权
2020年7月27日	2020年7月28日	2020年8月28日	股息：每股股息0.0051新元
2020年4月29日	2020年4月30日	2020年5月29日	3现金期权
2020年4月29日	2020年4月30日	2020年5月29日	股息：每股股息0.0045新元

图 9－1　新加坡吉宝房地产信托过往派息记录①

除净日	股权登记日	股利发放日	细节
2021年8月3日	2021年8月4日	2021年8月27日	股息：每股股息0.0097新元

图 9－2　四项明细

乙：除净日（Ex－Date）。REITs 宣布派发股息，股东并非当日就可以领取股息，而是必须等到除净日后，才可以领取。

用一个例子说明。REIT 在 7 月 15 日宣布派息，除净日为 8 月 3 日，最迟在 8 月 2 日必须持有（买入）该 REIT，那么就能领取股息。

① 原图为英文版截图，中文内容由作者译。

股权登记日（Record Date）。这是股票交接的时间，只是一个行政上的程序，在电子化普及下，这个时间并不比除净日重要。

股利发放日（Payment Date）。顾名思义，发放日会将股息自动打入相关账户，当天查看账户就会发现这笔进项。

甲：如果 8 月 3 日当天买进呢？

乙：8 月 3 日当天是除净日，当天才买进，无法享有股息。若 8 月 3 日卖出持有的 REITs，还是享有股息。

甲：那么可以享有多少股息？

乙：新交所条例规定，每次买卖 REITs 的股数最低标准为 100 股。

REITs 派发的股息为每股 0.0097 新元，持有 100 股，就可以获得 97 分。持有 1 000 股就可以获得 9.70 新元，以此类推。

甲：那么新加坡 REITs 股息回报丰厚吗？

乙：过往数据显示，新加坡 REITs 的平均股息收益率为 5.9%，也就是回报在 6% 左右。

甲：6% 看起来不是很多，我看还是投资实体房地产吧，除了租金以外，房价涨了，还能赚更多。

乙：作个对比，会发现房地产的租金回报率其实并不高。你自己可以看看报告（见图 9－3）。[①]

---

① 图片来源：https：//www.yicai.com/news/100881168.html。

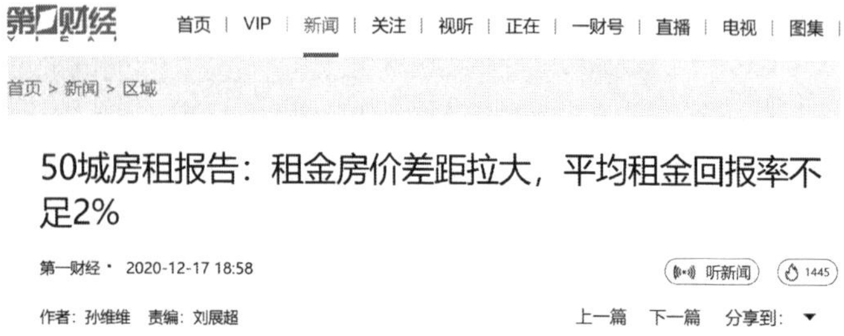

图 9－3　中国 2020 年 50 城房租报告

另外，优质 REITs 的股息有增长，那么 REITs 的股价也会逐步走高。

例如，百汇生命新加坡医疗 REIT 的股价走势如图 9－4 所示①。

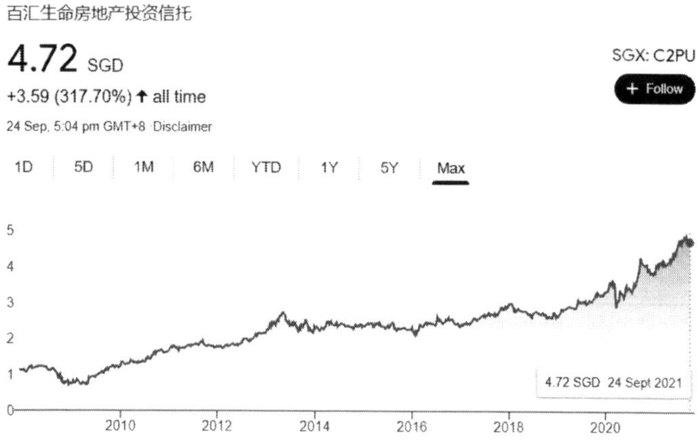

图 9－4　百汇生命新加坡医疗 REIT

---

① 百汇生命为新加坡医疗 REIT，2007 年在新交所上市。上市以来，股价已经上涨了 210%。

甲：这样看起来，好像还是不错的。

乙：换一个角度来说，把钱作定期存款，收益率其实并不高。如果把钱放在 REITs，那么获得的回报会更理想，可以让自己有更多的选择。

甲：这么说，你没有定期存款吗？

乙：定期存款当然有，只是那是紧急备用资金。其余的闲钱，我都会投放在 REITs 中，以让资金效益最大化。

假以时日，我每年领取的股息就会不亚于工资，相信养老不是问题。

甲：我参考参考。

总结：

把钱放在正确的地方，就能为我们创造更多的价值。

投资 REITs，每年都能定时拿到股息，这笔股息会自动打入投资人的账户。只要每年领取的股息不少于工资时，就可以在一定程度上获得财务自由了。

*文中提及的公司，仅为举例说明，并非买卖建议。

第十章　股息率与资产净值

甲：如何估值 REITs 股票价值？有些时候，人们说股价 5 元人民币的股票很便宜，但有些时候，人们却说 0.5 元人民币的股票很昂贵，到底该如何判断？

乙：就我个人来说，判断 REITs 的价值要看两项数据，就是股息率（Distribution Yield）及资产净值（Net Tangible Assets，NTA）。

先说最简单的股息率。扣除一切成本开销，把部分净利派发给股东，这些派发给股东的净利，就称为股息（Dividend），这种分配方式也是股票市场最初成立的精神与宗旨。

REITs 将旗下房地产出租，扣除营运成本后，就会把 90% 的盈利派发给股东，甚至全数派发。这些派发的股息，都会自动打入银行账户。试想想这种感觉，犹如躺着赚钱，感觉爽吗？

甲：躺赚当然爽，但股息率如何估值？

乙：将全年股息除以股价，再乘以100%就是股息率。

简单例子说明，A－REIT股价为5.32新元，全年派息为0.30新元，那么股息率就是5.64%。

B－REIT股价为3.00新元，全年派0.10新元，股息率就是3.33%。

甲：还是不太明白，可否再举例说得浅白点？

乙：目前，投资新加坡REITs，每次买卖是以100股作为最低标准。现在A－REIT股价为5.32新元，买入100股就需要532新元（手续费、印花税不计算在内），每股派息0.30新元，持有100股A－REIT，就能获得30新元股息。

你看看表10－1就明白了。

表10－1　　A－REIT和B－REIT的各明细对比

	A－REIT	B－REIT
股价	5.32新元	3.00新元
投资100股成本	532新元	300新元
全年每股股息	0.30新元	0.10新元
持有100股股票可获得股息	30新元	10新元
股息率	5.64%	3.33%

甲：这样看来，B－REIT比较值得投资吧！因为股价是3新元，比较便宜？

乙：列表都做出来了，还没看到重点吗？

在同等条件下，当然要将 A－REIT 作为投资对象，因为股息率比较高。虽然投资金额较高，但实际上投资成本较低，这样领取现金股息才比较划算。

甲：所以股息率高就值得买进吗?

乙：股息是公司直接派发给股东的回报，当然是越高越好。但也必须注意公司基本面，如资产是否属于优质资产，来年是否有能力调高租金以赚取更多的盈利等。

如果是，当然是股息率越高越好。

甲：那么资产净值又应如何估值?

乙：举例说明，现在 C－REIT 股价是 1 新元，但连同土地、未来租约、设备等各种资产价值综合考虑，实际价值是 3 新元，你觉得 C－REIT 值得投资吗?

甲：当然值得投资，以 1 新元的价格，买进价值 3 新元的 REIT，白赚了 2 新元，为何不值得?

乙：从企业经营角度是如此，但对小投资者就未必了。因为小投资者只是拥有 REITs 的一部分权利，没有管理权，所以净资产价值高的 REITs，只适合高端阶层投资者，并不适合散户。

甲：不明白你的意思，有更好的例子说明吗?

乙：现在 C－REIT 的股价是 1 新元，总市值是 100 亿新元，你持有的 10 000 股，占市值 0.0001%，也就是持有 0.0001% 的股权，你觉得你在这家 REIT 有话语权吗?

甲：当然没有。至少也得持有 51% 的股权，才有更大话语权。

乙：没错，换句话，最少得持有 51% 的股权，也就是必须要花数十亿元，在二级市场收购足够的股票，才能在 C - REIT 有更大话语权。能拿出如此大笔的资金，除了少数的顶尖富豪外，也就只有基金机构才有能力。

拥有足够的话语权，可以把资产翻新、出售，甚至推倒重建也不成问题。但如果只是拥有权，却没有话语权，那么资产价值再高，对小股民而言，帮助也不大。

甲：难怪你说资产净值判断法只适合机构投资者。

乙：其实，还有数种不同的估值法，只是这些方法对新手小白来说，不太合适，甚至会混淆，所以我都舍弃不用。

就我个人来说，熟练掌握股息率估值，对投资 REITs 而言，已经是十拿九稳了。

甲：但要如何熟练掌握估值呢？

乙：真心话，只有靠自己多读年报及留意时事进展，才能分辨，没有绝对的方法。

就像厨师，只有熟练掌握基本功后，面对任何食材才能得心应手，股票投资也是这个道理。

甲：我换个问题，要多久才能熟练掌握？

乙：我当初至少花了 3 年时间，才能熟练掌握 REITs 的投资技巧，如果资质聪颖，应该可以更短。

甲：那么我要花多久时间才能掌握？

乙：每天花一两个小时研读学习，日子久了，自然就会看到成效，最重要是坚持而已。

天下无易成之业，我今天的知识，是花了几年时间积累，并非一蹴而就。

用 3 年的时间，换取日后数十年的轻松，绝对值得。

总结：

对投资新手而言，观察公司的股息率是对其进行估值的最简单的方法之一。因为股息率对标的就是银行的定期利息，只要 REITs 的股息率比银行利率高 2% 及以上，都可以作为研究对象。

熟练掌握股息率的判断后，日后的投资就越来越得心应手了。

第十一章　REITs 成长——收购与自建

甲：作为 REITs 投资者，股息是首要考量因素，股息增长则取决于盈利的增长，而 REITs 的核心业务是出租商用不动产，所以盈利增长来自租金。

那么，除了调高租金外，还有其他方法可以让 REITs 的盈利成长吗？

乙：REITs 的盈利成长，来自三方面。其中一种方法，就如你所言，调高资产现有的租金，进而驱动盈利成长。

调高租金必须满足几个条件，其中之一就是资产必须是优质资产，最好能吸引世界 500 强机构入驻，这样才能在吸引力法则下，聚集更多高素质的租户。

反过来说，如果资产素质不属于优质，那么搞不好还得调低租金以挽留租客。

甲：那第二种驱动盈利成长的方法又是什么？

乙：第二种也是最快及最有效的方法，那就是直接收购已经成熟营运的商用房地产，从而增加收入。

基于已经有了现成的租户，所以收购以后，就直接享有相关的租金。

好比说，某店铺已经出租给人经营，你向店铺的业主买下该店铺，那么该店铺的租户以后每个月上交租金就归你所有。

甲：也就是说，REITs 只要相中资产，就可以提出收购。可卖家一定是期望以较高的价钱脱手的，那么 REITs 有没有可能以过高的价格收购呢？

乙：REITs 在进行收购时并非仅按照个人意愿，而是经过大量的调查，董事会多名成员也要进行共同讨论后，才能决定是否收购。

而且相关的收购也必须发布相关公告告知市场，公告会列出收购原因、预期收入及股息预测。如此一来，投资者就能自行判断有关收购是否值得。例如，有关丰树工业信托收购美国数据中心资产后的股息预测就如图 11 - 1 所示。

甲：这样看来，REITs 收购资产的规定还蛮严格，能够保障小股民的权益。那么第三种方法呢？

乙：除了调整租金及收购新资产外，REITs 第三种驱动盈利成长的方法，就是自行建造新资产，为租户量身打造出租的资产（Build to Suit，BTS）。

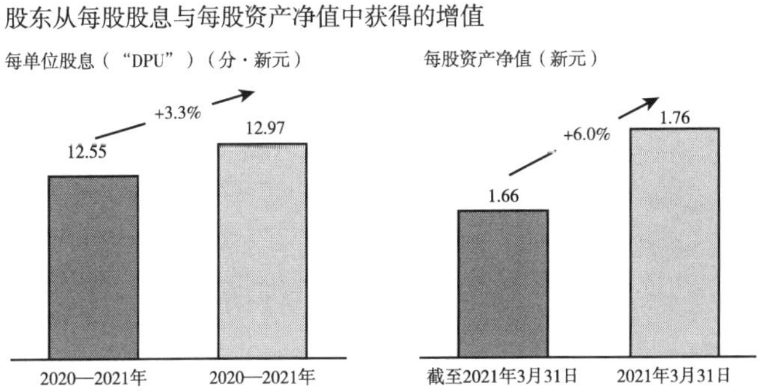

图 11-1 丰树工业信托收购美国数据中心资产后的股息预测[①]

甲：REITs可以自行建造资产吗？

乙：当然可以，丰树工业信托就是一个例子。丰树工业信托有数项资产就是属于量身打造出租的资产，知名租户包括Kulicke & Soffa、Equinix及惠普[②]等（见图11-2）。

图 11-2 丰树工业信托为 Kulicke & Soffa 打造的资产[③]

① 资料来源：丰树工业信托官网。原图为英文版截图，中文内容由作者译。

② Kulicke & Soffa为著名半导体制造企业、Equinix是数据中心企业，惠普则是知名电脑品牌商。

③ 资料来源：丰树工业信托官网。

甲：这种量身打造的资产有什么好处？

乙：这种类型的资产针对租户需求建造，既然是为租户量身打造，那么租户必定是愿意支付较高的租金，租约也比较长。

即使租约到期，相信续约的概率也很高，因为量身打造的资产不容易在市场被取代。

甲：那么其他 REITs 有自行建造产业的计划吗？

乙：这得看个别 REIT 的年报与官网，细心调查才知道。

扩建虽有利于业者增设空间，但作为投资者，必须时刻留意资产的出租率，倘若出租率不理想，自行建造的资产再好，恐怕短期内都无法看到理想的回报。其实每次只要问自己 4 个问题就行了。

甲：哪 4 个问题？

乙：1. 股息增长潜力的可能性有多少？

2. 资产素质如何？

3. 未来发展计划如何？

4. 目前的资产负债比（Gearing Ratio）如何？

甲：比如，新加坡法律规定，REITs 的负债水平顶限为 50%，那么对你来说，多少才算比较合适呢？

乙：负债比越靠近 50%，借贷空间就越小。所以在 40% 以下，我认为都是安全水平。

再来，你确定可以明白 4 个问题之间的关系吗？

甲：当然明白，股息增长的潜力，取决于资产素质，如果素质好，招租及调高租金自然不成问题，当然可以驱动股息增长。

未来发展计划，就是看相关资产是陈旧还是维修良好，毕竟资产素质不好，租客也会选择拒绝。

至于负债水平，就是看公司是否有能力举债进行企业活动，比如收购新资产或建造资产，对吗？

乙：非常正确，只要每次投资前问自己一遍这 4 个问题，自然就知道是否值得投资了。

总结：

这个章节的内容对笔者而言，感触颇深。因为当初笔者至少花费了 1 年的时间，才厘清了 REITs 的成长模式。

记得当年笔者还是一名财经媒体菜鸟时，借助媒体记者这个身份，有幸采访了一些 REITs 的 CEO，解答了笔者不少疑惑。

有些看似简单的问题，其实需要耗费许多精力，才能获得正确的答案。

* 文中提及的公司，仅为举例说明，并非买卖建议。

第十二章　股票变动

甲：翻阅了诸多 REITs 年报，发现不少基金机构如银行及保险公司都持有相当多股权，但有些东西没搞懂。如百汇生命产托年报（见图 12－1）。

20大股东

序号	股东名称	持有股数	%
1	百汇投资有限公司（PAKWAY INVESTMENTS PTE. LTD.）	213 257 000	35.25
2	花旗银行新加坡有限公司（CITIBANK NOMINEES SINGAPORE PTE LTD）	105 588 515	17.45
3	汇丰控股［HSBC(SINGAPORE)NOMINEES PTE LTD］	75 883 119	12.54

图 12－1　百汇生命产托年报[①]

乙：REITs 作为低风险投资工具，且派息稳定，基金机构持有，这很正常，哪一方面没搞清楚呢？

甲：交易所显示，有些 REITs 经常有基金机构宣布买卖股票记录，这些大机构频繁买卖股票时，为何需要宣布呢？还有，这些机构为何经常在进行交易呢？

乙：根据条例，凡是持有大量股票的投资机构或大股东，在买

① 原图为英文版截图，中文内容由作者译。

卖股票时，可能会对股价造成波动。因此，当股东持有超过5%的股票时，买卖股票皆需要通知交易所。

至于这些机构频繁交易，这是他们的投资策略，我无法解答。

甲：那么普通散户持有5%的股权，也要发布公告吗？

乙：对，只要持有5%以上股权，在买卖股票时都必须发布公告，如果没有披露，就是违法了。

甲：持有5%以上的股权，有什么好处呢？

乙：最直接的好处，莫过于派发股息及股价上涨，因为这两者都可以促使投资者的财富增长。

其次，当企业进行重大决策时，显著股东持有投票权，可以左右决策是否顺利作出。

因此，显著股东可要求与管理层会面，以了解公司最新进展。

甲：不是显著股东，就无法与管理层会面吗？

乙：不是显著股东，当然还是可以和管理层会面的。在年度股东大会（AGM）或临时股东大会（EGM），就可以和管理层接触，至于其他时刻，就得看管理层是否有空了。毕竟管理层工作繁忙，不可能与所有股东会面。

甲：那么，还有哪些人在买卖股票时，需要向交易所发布公告呢？

乙：REITs本身的高阶管理层买卖任职公司的股票时，即使持有股票低于 5%，买卖股票亦需要通知交易所。

这是因为，管理层最清楚公司的运作，知道公司每日营业额、成本、盈利等，事无巨细，他们都一清二楚。也就是说，管理层比更多人知道业绩的好坏，业绩公告前，就已经知道了业绩表现，如来年是否可调涨租金、股息的数额、收购资产的进度等。对于利好或利空消息，管理层都会知道。所以他们买卖股票时，都必须通知交易所。

甲：按你这个说法，只要管理层买股票，就代表前景看好，反之，脱手股票，那就是前景看淡？

乙：美国著名基金经理彼得林奇（Peter Lynch）在其著作《成功的投资》（*One Up on Wall Street*）中提过，当公司内部人士买入自家的股票时，那公司在短期内不太可能会倒，而且他们应该会设法使公司的业绩进步，这样他们才能获利。

甲：那么跟着管理层买，一定不会有错。

乙：我认为上述方法只能作为买卖时的参考，而非绝对。对我来说，任何决定都是要自己负责。

甲：假设我持有的股票多过 5% 时，该如何通知交易所？

乙：首先，你要联络上市公司的注册机构（Registrar），这个机构主要是负责记录相关公司的股东档案，持股一旦超过 5%，该机构就会告诉你处理的程序了。

甲：为何注册机构不主动通知散户呢？

乙：你的身份证到期时，相关政府部门会主动通知你去更新吗？

当然不可能，因为这是你的责任，所以当你持有数百万股时，你就该注意自己是否持有超过5%的股权了。

甲：那我该如何寻找相关的注册机构呢？

乙：每家上市公司皆有投资者关系（Investor Relation）部门，这个部门可以解答普通技术上的问题，可在相关的官网找到联络方法。

总结：

监管机构规定持有公司5%以上股份的股东，在增减持股票时，需要发布临时报告，此举有助于其他投资者了解大股东的动向，便于其他投资者作出下一步决策。

如果有大股东选择大量减/增持股票，这属于重大事件，投资者需要特别留意，因为这可能是坏/好消息的前奏。

＊文中提及的公司，仅为举例说明，并非买卖建议。

第十三章　市值推算

乙：最近看到一个报道，可以从中推算出股价，我发你参考参考。

甲：说来听听，大家研究研究。

乙：根据《海峡时报》（Business Time）报道，新加坡精英商业房地产投资信托公司（Elite Commercial REIT）CEO 表示，希望市值可以达到 10 亿新币（见图 13－1）。

精英商业房地产投资信托公司的目标是10亿新元的市值，以吸引投资者

除了更多的收购，它还拥有稳定的租户基础，因为其投资组合的99%都租给了英国政府。

更新日期：2021年10月04日星期一上午5：50

图 13－1　《海峡时报》相关报道[①]

甲：这和推算股价有什么关系？

① 原图为英文版截图，中文内容由作者译。

乙：精英商业房地产信托的市值约 3.18 亿英镑，股价当时为 0.67 英镑，股票数量约 4.75 亿股（见图 13－2、图 13－3）。

10 亿新币市值，也就是股价最少需要上升至 1.14 英镑，按精英商业房地产信托 0.67 英镑的收盘价来计算，那么股价就有 0.47 英镑的上升空间，相等于 70% 的回报。

图 13－2　精英商业房地产信托 2021 年 10 月 6 日收盘股价

概述　估值　财务　股利　股东

上一日开盘价	0.670
上一日成交量	240
上一日收盘日期	2021年10月5日
5 年 Beta 值	-
3 个月平均成交量	9.97M
未经调整的 6 个月成交量加权平均股价	0.66854
总市值	GBP 317.80M

图 13－3　精英商业房地产信托相关内容概述

甲：为何你认为精英商业房地产信托能达到 10 亿新币市值？

乙：先说说精英商业房地产信托的基本情况，这是一家以英国房地产为主的 REIT。

旗下租户以政府单位为主，90% 以上的租金收入来自英国的就业和养老金部（Department for Work and Pensions，DWP）。

政府既然是这家 REIT 的租户，那就代表了租金收入相当稳定。

甲：那和 10 亿新币市值有什么关系？

乙：公司业绩稳定，意味着受到疫情冲击的概率比较小，不必担心股息减少。

甲：除了股息以外，成长空间呢？

乙：CEO 说，公司拥有 42 英亩土地，而且还没开发。如果这些土地可以为用户提供量身打造的出租（Build to Suit）资产，那么这批房地产未来就可以获取更高的收入了。

正常来说，收入越高，股息也会增加。既然如此，那么这家 REIT 应该有机会可以达到 10 亿新币市值。

甲：这个分析也很有道理。不过你要注意，公司是否会进行私下配售或供股？这样一来，股票数量增加，到时股价不用太高也能达到 10 亿新币市值。

乙：话虽如此，但如果管理层办事能力强，我相信投资这支 REIT 还是有机会的。

甲：为何你那么有信心？

乙：其中一个原因，是因为马来西亚一家大财团——双威集团（Sunway Group）① 也是这支 REIT 的大股东之一（见图 13 -4、图 13 -5）。

---

① 马来西亚著名财团，业务涵盖房地产、医疗、酒店、主题公园等。

双威集团作风向来稳健，所以我相信这支 REIT 应该不错。

该房地产信托基金由精英房地产投资信托公司管理，后者由精英伙伴控股有限公司（68%）、双威RE资本有限公司（15%）、Jin Leng投资有限公司（17%）持有。

图 13－4　双威集团持有 REIT[①]

图 13－5　精英商业房地产信托基金股东[②]

甲：只要你做足功课，就没有问题了。话说，为何你会留意这支 REIT？

乙：这家公司管理层计划打造 10 亿新币市值的目标，引起了我的注意。因为曾经有类似的案例，有企业家曾发出类似的壮语，结果公司市值真的达到了。但当时我并没有买进，错过了机会。

所以当阅读类似的报道时，我就会特别留意，并列为研究对象。

甲：所以，以后所有有市值目标的公司，都可以投资吗？

乙：这些因素只可以作为参考。

---

① 原图为英文版截图，中文内容由作者译。
② 图片来源：精英商业房地产信托年报。

买入前，必须要花时间研究，阅读年报、官网、季报等。觉得有前景，可能达到目标再买入也不迟。

甲：管理层的豪言壮语不可以完全相信吗？

乙：豪言壮语又不是军令状，退一步说，就算是军令状又如何？

在古代，立了军令状无法达成目标，会丧失性命，当然拼命也要完成。

进入现代社会，这些话只能参考参考。因为即使没有达到，也不会妨碍他们继续领取高薪，过着高大上的生活。

甲：好的，那我多加留意。

总结：

本章比较复杂，需要特别解释。

上市公司发行的股票一般是有数量限制的，如果需要对股票的数量进行增加或减少，就需要经过特定程序。

假设公司股票数量是 10 亿股，每股的股价是 1 元新币，那么该公司的市值就是 10 亿新币。

假设公司 CEO 说："我要让公司达成 100 亿新币的市值。"则在公司的股票数量不增加的情况下，股价最少要涨到 10 元新币/股。

所以公司的目标是达成 10 亿新币市值，但现在市值只有 7 亿新币，股票数量是 5 亿股。

7 亿新币市值除以 5 亿股股票，股价为 1.4 元新币/股。

10 亿新币市值除以 5 亿股股票，股价为 2 元新币/股。

当 CEO 提出类似的目标时，会引起笔者的关注，从而去了解公司是否有明确的行动。

* 本章重点，在于告诉投资者，市值目标可以作为研究的切入点，并非买卖指引。

第十四章　股息成长与下跌的理由

甲：你说过，REITs 的股价相当稳定，只要公司有盈利，那就必须派发股息。只要长期持有，回报也会比银行定期存款的利息来得好，对吗？

乙：没错！

甲：可我有个朋友也是投资了 REITs 好几年，虽然一直收到股息，但股价却不断下跌。

虽然赚了股息，可股价一直跌，也意味投资本金不断受损，两者互相抵消后，根本没有回报可言，这又如何解释呢？

乙：从我个人经验来看，你朋友投资的 REITs，可能在派发股息方面不是很理想，所以才会发生上述这种状况。如果投资派发股息不断增长的 REITs，我不认为会如此。

以丰树商业信托来做例子（见表 14－1）①。

---

① 数据取自 SGX 官网。

表 14－1　　丰树商业信托往年派发股息情况

年份	首个交易日股价（元·新币）	股息（分·新币）	股息率（%）
2017	1.39	9.01	6.48
2018	1.64	9.07	5.53
2019	1.64	9.88	6.02

*2020 年暴发新冠肺炎疫情，所有行业皆受到冲击，因此 2020 年的盈利无法作准，所以比较数据只截取至 2019 年。

乙：就列表而言，你看出了什么端倪吗？

甲：丰树商业信托的股息率看似不错，但好像不太稳定。

乙：难道你没有注意到，丰树商业信托的股息每年都处于增长状态吗？而且因为派息能力提高，也进一步带动了股价有所上升。

如果你在 2017 年就投资了丰树商业信托，每年领取的股息是一年比一年多。

表面上看股息率好像下滑了，但其实是股价有些许波动，但只要每年的股息可以稳步走高，股价最终仍会逐步上涨（见图 14－1）。

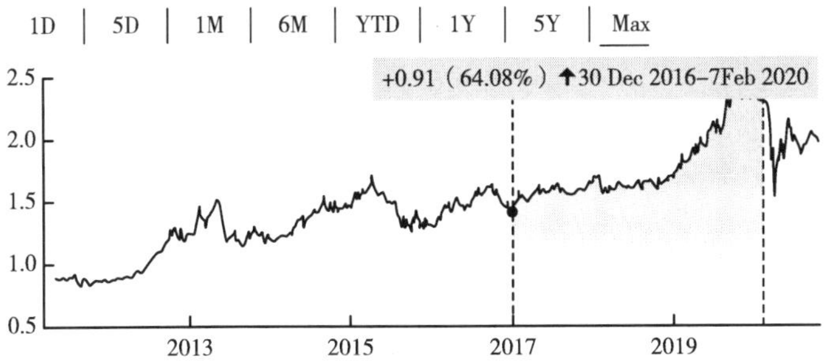

图 14－1　丰树商业信托往年股价走势

甲：但我要如何判断 REITs 是否会派发更高的股息呢？

乙：就像投资房地产一样，实地考察是最好的方法。因为房地产有价值，自然就能留住租客，若没价值，恐怕即使免租金，也难以吸引租客。

甲：丰树商业信托资产的地点集中在新加坡，居住在其他国家的人难道要特地出国考察吗？

乙：如果无法亲自考察，那么就只能通过年报分析了。

甲：管理层不可能在年报告诉你资产素质欠佳，无法提高租金的。内容肯定都是门面话。

乙：那就用最简单的方式来分析。若股息有上涨，那么这家 REIT 就值得考虑，如果看到股息下滑，那么投资价值自然就大大减少了。

股息与股价两者相对应，股息增长，股价才会走高。相反，股息下跌，股价自然乏力。

我相信，你朋友投资的 REITs 过去数年派发的股息并没有增长，所以股价才会不断下滑。

甲：如果股息平稳，但股价下滑呢？

乙：股息稳定，股价下滑，那么股息率相对提高，符合个人估值，我会考虑买进。当然，我更重视股息成长空间，多方考虑方可确保取得最佳的回报。

甲：好的！我会注意。

总结：

稳健发展的 REITs 可以为投资者带来非常可观的股息收入，反之亦然。

买入前，必须多做功课，才能尽量避开陷阱。

＊文中提及的公司，仅为举例说明，并非买卖建议。

第十五章　股息再投资、私下配售及供股

甲：克伦威尔欧洲房地产投资信托（Cromwell European REIT，后文称 Cromwell REIT）有发文，内容是股息再投资计划（见图 15－1），这个是什么东西？

CROMWELL
EUROPEAN REIT

（根据新加坡法律于2017年4月28日成立的房地产投资信托）

股息再投资计划公告

图 15－1　Cromwell REIT

乙：Cromwell REIT 需要保留现金，用于营运发展。

不过按照条例，又必须把盈利派发给股东，所以 Cromwell REIT 发售新股，股东可以选择用股息买发售的新股，也可以选择股息，那就会收到现金股息。

股息再投资计划是 REITs 中一种筹集资金的方法。

甲：这种筹集资金方法合理吗？

乙：一般企业要发展，也会把盈利保留在公司，但 REITs 必须派发 90% 的盈利。所以要保留盈利，便通过“股息再投资”（Distribution Reinvestment Plan）的方法，以筹集更多资金。

甲：那么股东必须把股息保留给 REITs，领取新股吗？

乙：股东有选择的权利，如果觉得 REITs 的发展前景良好，那就把股息留给公司，认购新股。

如果觉得领取股息比较安心，也能全额领取股息，因为股息再投资计划是自愿参与的。

甲：股东只能 2 选 1 吗？

乙：对，股息再投资计划，只限现有股东，非股东就无法享有这样的权益。

甲：那么 REITs 还有其他筹集资金的方法吗？

乙：当然有，其中一种较为常见的做法，就是私下配售（Private Placement）。吉宝 REIT 私下配售每股定价 1.13 新元（见图 15－2）[①]。

乙：用个形象化的例子解释，我们哥俩组建一家公司，现在公司需要资金扩大业务，我们俩又没有资金，而通过银行借贷的额度有限。

---

① 资料来源：https：//www.businesstimes.com.sg/companies－markets/keppel－reit－prices－private－placement－at－s113－per－unit。

THE BUSINESS TIMES

COMPANIES & MARKETS

ALL NEWS BREAKING LIFESTYLE OPINION PODCASTS E-PAPER BRANDED Hi wanchowsinchew@gmail.com

HOME COMPANIES & MARKETS

吉宝REIT私下配售每股定价为1.13新元

UPDATED FRI, FEB 19, 2021 - 10:23 AM

Investing in

图 15－2　吉宝 REIT 私下配售每股定价 1.13 新元

那么我们就找第三方注资，当然，作为回报，第三方可以获得我们公司的股权，这就是私下配售。

甲：虽然有新股东注资，但公司岂不是更多人有话语权，以后公司的经营方向岂不是乱套？再说，多了一批股票，那么未来的盈利岂不是会被摊薄？

乙：小企业的股东太多当然会乱套，但 REITs 是上市公司，因此配售的新股并不足以动摇现有的管理层决策，管理层也不是傻子，肯定有衡量轻重。

再来，REITs 配售资金，多半是为了扩展业务，如收购资产等，当资产数量越多，REITs 能收取的租金自然就越高。

如吉宝 REIT 进行私下配售所获得的资金中，97.2% 用于收购（见图 15－3）。

私下配售募集的2.625亿新元或将97.2%资金用于向保荐人吉宝置地（Keppel Land）收购吉宝湾大厦（Keppel Bay Tower）。该项收购须获得股东批准，有关股东大会将安排在2月24日。

图 15－3　吉宝 REIT 私下配售所获得的资金中 97.2% 用于收购[①]

① 原图为英文版截图，中文内容由作者译。

假以时日，股息也会越来越丰厚，何乐而不为呢？

甲：那么 REITs 为何不直接向银行借贷收购？如此一来，不必增加新股东，又能有新资产贡献更高的租金。

乙：你忘记了？REITs 借贷额顶限只有 50%，一旦超过就违法了。因此 REITs 才会采取私下配售的方式筹集资金。

甲：原来如此。那么 REITs 只能通过这两种方法筹集资金吗？

乙：还有一种，这种方法叫作供股（Right Issue）。

印度尼西亚先锋医疗产业信托（First REIT）建议，每股供股价为 0.20 新元，以筹集 1.582 亿新元（见图 15－4）[①]。

图 15－4　先锋医疗 REIT 建议，每股供股价为 0.20 新元，以筹集 1.582 亿新元

这种方法就是向现有股东筹措资金，说白一点，就是向股东要钱。

作为股东，你注资进公司，公司给你新股票。

甲：这和股息再投资计划有什么不同？

---

① 资料来源：https：//www.businesstimes.com.sg/companies－markets/first－reit－announces－proposed－rights－issue－at－s020－per－unit－to－raise－s1582m。

乙：股息再投资是将派发给股东的股息，保留在公司。至于供股，则是要股东另外掏钱，注入公司。

本质上来说，都是向股东要钱，没有区分。

甲：那么我作为股东，应该注资这些 REITs 吗？

乙：如果你觉得相关公司未来依旧有发展潜力，那就应该认购；如果没有，自然就没必要认购。另外，你选择供股，就是注入资金，公司给你更多的股票，未来派息时则会依据持有的股份来计算。

再来，如果在市场上买入更多的股票，那么钱便会流向另一位股票持有者，而不是公司。

甲：没想到居然还有那么多企业活动，看来得花更多时间去理解了。

乙：相对来说，REITs 企业活动算是比较少了。如果是其他类型的上市公司，企业活动会更多。

简单来说，只要是基本面稳定的好公司，不管进行什么企业活动，都会受到市场欢迎。如果是烂公司，再好的企业活动亦未必受到市场的追捧。

甲：好的，谢谢你的解答。

总结：

本章所述三种方法是 REITs 常见的筹集资金的方法，笔者个人最推崇股息再投资计划，因为把股息留在公司，也是变相强制储蓄的一种办法。

其次是私下配售，这种融资方法也可以让公司快速筹得资金。所谓兵贵神速，所以这个方法也十分有利于REITs发展。

＊文中提及的公司，仅为举例说明，并非买卖建议。

第十六章　如何计算 CAGR

甲：在年报中看到“CAGR”的字眼（见图 16－1），这个是什么意思？

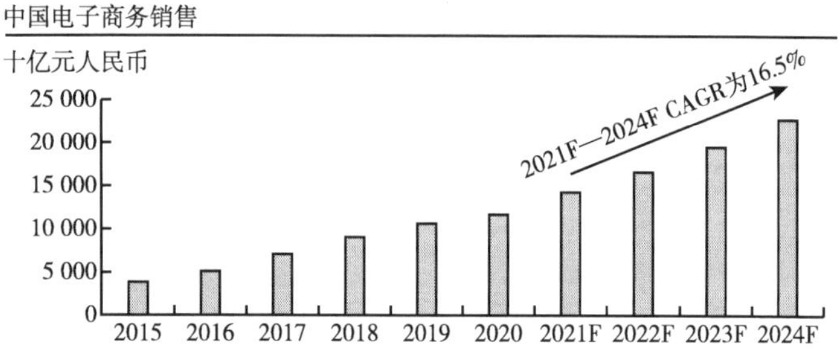

图 16－1　丰树物流信托 2020—2021 年年报[①]

乙：CAGR（Compound Annual Growth Rate），中文叫作复合年均增长率，简单点来说，就是复利率，是一种计算利息的方法。除了根据本金计算利息外，新得到的利息也可以再获得利息。通俗点来说，就是钱生钱。

在财务上，CAGR 就是指现金、债务、盈利等的增加或

① 资料来源：中国电子商务研究中心。

减少。

甲：那么图 16－1 中“2021F—2024F”是什么意思？

乙：图 16－1 中丰树物流信托年报呈现的数据，“2021F—2024F”里的 F，是预测（Forecast）的意思，也就是说，预测 2021 年至 2024 年每年中国电子商务的需求都有双位数成长。

丰树物流主要资产是物流，电子商务越发达，对物流资产就有越高的需求。

CAGR 其实在各种类型的刊物也很常见。

甲：比如说？

乙：路透社报道都有在使用“CAGR”这个数据（见图 16－2），由此可知这项数据的重要性。

财经视点　JUNE 11, 2021 / 6:30 PM / UPDATED 4 MONTHS AGO

中国将领头亚洲电动车市场 未来10年年复合增长达36%——瑞银财富管理

By Reuters Staff　　1 MIN READ

路透香港6月11日 - 瑞银财富管理发表告称，在中国的带领下，预期亚洲区电动车销售于2020－2030年期的年复合增长率(CAGR)将达到36%；推算到2030年，中国、日本、印度及印度尼西亚将形成一个规模接近2 000万部的电动车市场。

图 16－2　路透社报道

甲：我还是感受不到重要性。

乙：再举个简单例子，现在有两份工作，薪资都是 5 000 元人民币，A 工作每年加薪 10%，B 工作的薪资则是每 3 年加薪 40%，你觉得 4 年后，哪一份工作合计薪资会比较高？

甲：应该是 B 工作吧！

乙：列表计算一下，就会看到差别了（见表 16－1、表 16－2）。

表 16－1　　A 工作薪资合计

A 工作	月薪（元・人民币）	年薪（元・人民币）
第一年	5 000	60 000
第二年	5 500（+10%）	66 000
第三年	6 050（+10%）	72 600
第四年	6 655（+10%）	79 860
合计		278 460

表 16－2　　B 工作薪资合计

B 工作	月薪（元・人民币）	年薪（元・人民币）
第一年	5 000	60 000
第二年	5 000	60 000
第三年	5 000	60 000
第四年	7 000（+40%）	84 000
合计		264 000

表面上 B 工作的薪水在第 4 年会更高，但其实 A 工作在复利计算及时间作用下，4 年的薪资总和要高出不少。

甲：原来在复利计算方法下，有这么大的差别！

乙：没错，复利一个最重要的作用就是让我们评估行业未来的成长空间及公司过往财务表现。

通过计算，就能知道公司运营是否稳健，行业是否具备发展前景。我也会使用 CAGR 来计算投资回报项目的合理与否。

甲：怎么说？

乙：全球被公认为最会投资的人是股神巴菲特，他过去的 CAGR 约 20%，能达到这个水平，绝对是大师级的水平。

巴菲特每年回报在 20% 左右，若有人说投资项目回报率超过 20% 的话，那么我们就要谨慎看待了。

甲：那么要如何计算 CAGR？会很难计算吗？

乙：用方程式计算我也不会，但只要在网络搜相关网站，就能找到好用的计算网站（见图 16－3），如此一来就解决问题了。

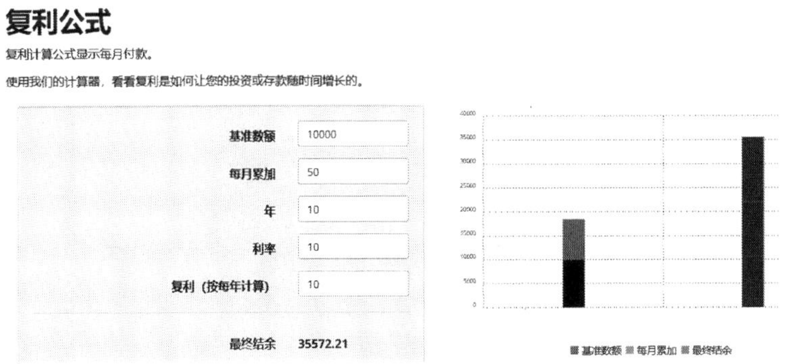

图 16－3　复利公式计算网页

一切关于回报或增长的计算，都可以使用这个计算方式。

甲：复利计算那么重要吗？

乙：就我来说，除了计算投资回报外，另一个好处就是可以避开骗局。

一些不法之徒，总是会打着高回报的幌子进行诈骗。比如说向你推荐投资5 000元人民币，每月回报3%之类的理财产品。在复利效应下，你猜猜在20年后，这笔5 000元人民币会变成多少？

甲：几十万元人民币吧！

乙：回报额超过200万元人民币，比你想象的还要多。投资5 000元人民币就能换回超过200万元人民币的回报，回报率近500倍（见图16－4、图16－5），你觉得这可能吗？

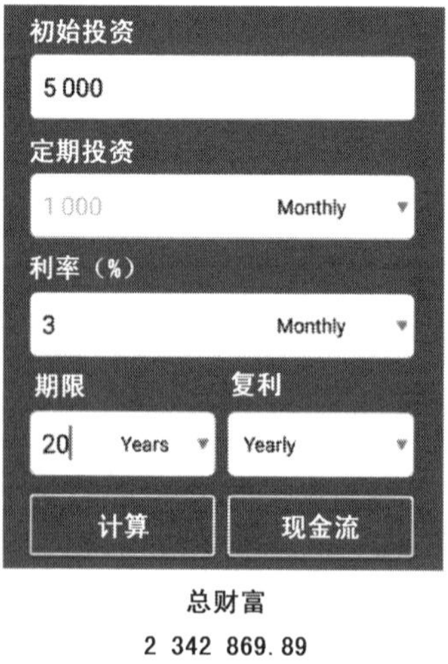

图16－4　回报计算

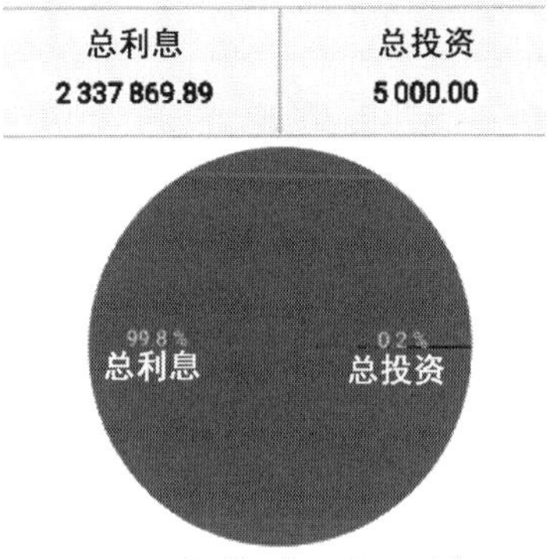

图 16－5　回报率占比

甲：这个回报好像也太夸张了，但又似乎不是不可能。有些投资项目不是也可以获得非常高的回报吗？

如当年软银投资某公司 2 000 万美元，现在这笔投资价值高达 1 300 亿美元，获得 2 000 倍回报。

乙：软银是专业投资机构，投资以前会进行多方面评估，而且也有不少会计师、法律专家等相关人才做研究，获得高回报也不稀奇。

再来，我们作为小散户，人脉与学识并不如大机构，所以必须更谨慎。

甲：那么回报多高才算合理？

乙：对普通小投资者而言，每年 CAGR 在 10% 左右比较合理，若能达到 15%，算相当不错了。

超过 20%，就要谨慎。

甲：好的！复利率还有什么用处？

乙：据说爱因斯坦曾说过，复利率是世界第八大奇迹，了解它的人可从中获利，不明白的人将付出代价。

这句话是否出自爱因斯坦，已无从考证，但复利的强大威力，是毋庸置疑的。因为即使一开始只是很小的差距，只要时间线拉长，距离就会变得很大。时间越长，差距就越大（见表 16 –3）。

甲：只是 5% 的利率差距，最终回报竟然有如此大的差异。

乙：你现在看到的只是一次性投资。如果以 3 000 元人民币为本金，每年再投入 2 400 元人民币，30 年后的总回报率（见表 16 –4 及表 16 –5）更是比原先高出数倍不止。

甲：没想到距离更大了，那看来想要财务自由，也不是不可能的事。

乙：没错，只要你愿意花时间学习，肯定就有机会。现在你了解时间加上复利的力量了吧！

甲：明白了，看来我得马上着手我的投资计划了。

表 16 –3、表 16 –4、表 16 –5 所示即为不同投资方法下的回报计算。

表16－3　　一次性投资3 000元的回报计算　单位：元·人民币

年份＼CAGR	3%	8%	13%
1	3 090	3 240	3 390
2	3 183	3 499	3 831
3	3 278	3 779	4 329
4	3 377	4 081	4 891
5	3 478	4 408	5 527
10	4 032	6 477	10 184
15	4 674	9 517	18 763
20	5 418	13 983	34 569
25	6 281	20 545	63 692
30	7 282	30 188	117 348

表16－4　以3 000元为本金，每年再投资2 400元，
每年CAGR为13%的回报计算　单位：元·人民币

年份	本金	利息	总和
1	5 400	702	6 102
2	7 800	1 807	9 607
3	10 200	3 368	13 568
4	12 600	5 444	18 044
5	15 000	8 102	23 102
10	27 000	33 138	60 138
15	39 000	89 375	128 375
20	51 000	203 097	254 097
25	63 000	422 732	485 732
30	75 000	837 504	912 504

表 16－5　以 3 000 元为本金，每年再投资 2 400 元，每年 CAGR 为 8%的回报计算　单位：元 · 人民币

年份	本金	利息	总和
1	5 400	432	5 832
2	7 800	1 091	8 891
3	10 200	1 994	12 194
4	12 600	3 161	15 761
5	15 000	4 614	19 614
10	27 000	17 026	44 026
15	39 000	40 895	79 895
20	51 000	81 598	132 598
25	63 000	147 036	210 036
30	75 000	248 818	323 818

总结：

复利计算方法给予了笔者非常大的帮助。作为一个文科生（笔者中文系毕业），数学水平可想而知。

在学习复利计算以前，经常有很多投资想法，基金、创业、房地产、外汇之类，但没有一项投资可以让我安心。

直到了解复利计算后，才知道稳定合理的回报多么重要，只要懂得如何计算复利，就可以避免很多误区。

＊文中提及的公司，仅为举例说明，并非买卖建议。

第十七章 爆 雷

甲：虽然你说了 REITs 的历史及起源，但我还是很担心。

乙：什么部分让你感到担心？

甲：过去几年，发生那么多事，一些站在风口上的行业，刚开始发展得如火如荼，当热潮褪去后，就不行了。

公司资金链一旦出现问题，破产的可能性非常大，一些公司即使位列 500 强，也可能存在周转不灵的情况。不少人投资相关理财产品，钱都打水漂了，我担心 REITs 也会出现这样的爆雷事件。

乙：新加坡第一支 REIT 在 2002 年诞生[①]，我至今并没有听过任何爆雷的事件发生。

再说，经过这么多年的发展，法律监管也越来越完善，REITs 爆雷的可能性极低。

甲：话虽如此，我还是很担心。

---

① 新交所首家 REIT 为凯德商用新加坡信托（CapitaLand Mall Trust）。

乙：根据三个因素，我觉得 REITs 不大可能会出现爆雷的情况。

甲：哪三个因素？

乙：这三个因素分别为 90% 的派息额、借贷限制及股东权益。

第一，REITs 必须把 90% 的盈利都派发给股东，就这点来说，若不能派发股息，REITs 肯定会面临麻烦。所以，至今所有的 REITs 都遵守这条政策，把 90% 的盈利全数派发给股东。即使在新冠肺炎疫情期间，仍须做到这点。

第二，借贷限制。在商业上，企业都会通过借贷以扩张业务，这很正常。虽然有些企业通过不断借贷，导致债务庞大，甚至大到不能偿还的地步，这对企业发展极不利。因为资金链一旦断裂，就无法持续了。

不过，REITs 就不会出现这样的状况，因为 REITs 的借贷已经受到法律限制，借贷的负债比不能超过 50%。

当 REITs 的负债比接近 50% 时，能获得借贷的概率就不高了。换句话说，作为散户，一旦 REITs 的负债比在 45% 以上，我们就必须谨慎，甚至不将其列入投资名单，基本上就能躲开很多风险了。

第三，股东权益。REITs 作为上市公司，每年都会公布一份年报，而新加坡交易所规定，每份年报都会公布持有最多股票的前 20 位股东。

在股东名单里面不难看到，有不少股东来自银行、基金机构，换句话说，REITs 受到不少基金机构监管。

由于以上这三种因素的存在，所以我认为 REITs 爆雷的可能性极小。

甲：你这么有信心？

乙：以丰树集团旗下的四家 REITs 为例，你知道丰树最大股东是谁吗？

甲：不知道，是谁？

乙：最大股东是新加坡政府的主权基金淡马锡（Temasek Holding），也就是说，政府也是这四家 REITs 的股东（见图 17－1）。

股东持股统计

截至2021年5月31日

截至2021年5月31日的显著股东持股

序号	公司名称	直接持股数	间接持股数	占发行股百分比（%）
1	淡马锡（私人）控股有限公司 [Temasek Holdings(Private)Limited]	-	1 426 525 164	33.30
2	富尔顿管理有限公司（Fullerton Management Pte Ltd）	-	1 341 445 371	31.31
3	丰树投资私人有限公司（Mapletree Investments Pte Ltd）	-	1 341 445 371	31.31
4	Mulberry私人有限公司（Mulberry Pte. Ltd.）	561 360 838	-	13.10
5	Meranti投资私人有限公司（Meranti Investments Pte. Ltd.）	369 901 792	-	8.63
6	贝莱德集团（BlackRock, Inc.）	-	228 989 655	5.35

图 17－1　丰树物流信托年报

甲：原来如此，但为何政府会成为丰树的股东呢？

乙：每个国家都有类似的国有企业，这很正常，而且这些企业的盈利也是政府收入来源之一。这些企业必须好好经营，才能为政府带来更多收入。

新加坡以法律严格著称，违规的成本代价太高了，因此违规的可能性很低，更何况背后大股东就是政府。

如果你是这家 REIT 的高层，你也不敢做手脚吧！

甲：原来是这样，难怪你会对 REITs 如此有信心。

乙：这些都是勤劳研读年报的成果，只要多研读，就会理解更多详情。

甲：看来我也应该多多研读 REITs 年报了。

总结：

近年来，许多金融产品都存在爆雷事件，导致投资者们血本无归。如果想要获得比较稳定合理的收益，不妨考虑投资 REITs。

首先，投资的项目都是实体房地产，投资对象有保障；其次，可以定期派发利息，收益比较稳定；最后，REITs 负债有限制，能够一定程度上避免资不抵债。

这三种因素作用下，爆雷可能性极低，因此可以列为比较安全的投资项目之一。

* 文中提及的公司，仅为举例说明，并非买卖建议。

第十八章　杠杆融资

甲：我一个朋友说，投资股票应该用杠杆，通过杠杆的力量，就能买入更多股票，让投资回报最大化，你觉得如何？

乙：懂得运用杠杆，确实可以让投资回报更大更多。站在企业角度来讲，适当运用杠杆，可以把业务经营得更广。

股民若懂得运用杠杆投资，确实可以取得更多的回报。

甲：那我就使用杠杆投资，买入更多股票。

乙：不过，你清楚杠杆是如何操作吗？

甲：杠杆就是用现金买入股票后，再将股票押给券商，就能买入更多股票。

等股价上涨及派发股息时，我就能赚更多钱了。

乙：股市有起有落，如果抵押给券商的股票股价跌破的话，你知道会发生什么事吗？

甲：不知道，会怎样？

乙：例如股价是 1 元人民币，押给券商，券商就会给你 1 元人民币的融资额，当抵押的股票的股价跌破 1 元人民币时，你就要补钱给券商。

若没有补上，券商就有权利直接把你的股票抛售。

甲：不太明白。

乙：股价是 1 元人民币，买入 1 000 股，股票价值就是 1 000 元人民币，将股票抵押给券商，就能获得 1 000 元人民币的融资额度[①]。

简单来说，就是 1 000 元人民币可以买到 2 000 元人民币价值的股票。

甲：只用 1 000 元人民币现金，就能买到价值 2 000 元人民币的股票，这岂不是空手套白狼，划算！

乙：股价若站稳 1 元人民币，当然没问题，但股价跌破 1 元人民币时，你要怎么处理？

甲：就放着不理会，反正投资 REITs 都是以领取股息为主，长期投资就是了。

乙：拿去抵押的股票，一旦跌破融资额度时，就必须在规定时间内补上差价。

若没有补上，到时券商就有权利把抵押的股票直接卖了，然后要求补上差价。

甲：我还是不太理解。

---

① 融资额度取决于券商，每家券商规定都有所不同。

乙：融资时，股票价值在 1 000 元人民币。假设现在股票价值只有 800 元人民币，你要及时补上 200 元人民币的差价。若在规定期限内没有补上差价，券商不但有权利把之前抵押的股票卖掉，还要求必须补上差价。

简单来说，当股价跌到一定的水平，又没有把差价钱补上，那么券商会直接抛售。到时候不但没有股票，搞不好还倒欠银行一笔债务。

甲：听起来好像很危险，那么你认为股票适合融资投资吗？

乙：看个人风险承担能力，但自己必须搞清楚规则。如果没有搞清楚规则，贸然就融资买股票，风险会很高。

我曾经遇过一位投资大师，他说他曾经通过杠杆融资过千万元买股票，亦从中赚了不少钱。不过，他在股票市场上经验丰富，当然可以这么做。

甲：那么你不鼓励杠杆投资吗？

乙：杠杆是把双刃剑，能赚取更多，但也能导致更大亏损。

投资最好用闲钱，毕竟投资股票的结果很难在我们控制范围，这样即使亏损，也不会过分影响到生活。

若要使用杠杆，必须要衡量好风险。

甲：我会注意。

总结：

利用杠杆借贷，能为企业带来更大的利益，对个人投资者而言，也是一样。

不过，杠杆借贷并非有利无害，而是一把双刃剑，一不小心，就会导致血本无归。若不能平衡风险，尽量不要进行杠杆融资。

* 文中提及的公司，仅为举例说明，并非买卖建议。

第十九章　平均成本投资法

甲：有个朋友了解 REITs 是投资房地产的一个方法，但存在一定障碍，无法投资，有什么办法呢？

乙：哪方面障碍？

甲：英文程度不佳，无法全面了解上市公司年报的披露内容。再来对数字不敏感，看不懂账目。

即使我简单明了地讲解，他仍无法领会个中要领。

乙：我已经尽我所能，用最简单方式来讲解了，如果还不懂，那也无能为力了。

不过，或许平均成本（Dollar Cost Averaging）投资法可以帮到他。

甲：这个方法如何操作？

乙：投资一支优质 REIT，固定在每年首个交易日，直接买进。

你看看我做的统计表（见表 19－1）[①]。

表 19－1　百汇生命产业信托投资明细统计表

	该年首个交易日及买入价（元·新币）	买进股数（股）	投资成本（元·新币）	累积股数（股）	该年股息（分·新币）	该年股息总和（元·新币）
2016	2.30	100	230	100	12.43	12.43
2017	2.39	100	239	200	13.03	26.06
2018	2.98	100	298	300	12.97	38.91
2019	2.62	100	262	400	13.13	52.52
2020	3.37	100	337	500	13.56	67.80
总计	—	—	1 366	500	65.12	197.72

以百汇生命产业信托（Parkway Life REIT）为例，从 2016 年起，过了 5 年，共累积了 500 股，5 年的股息总和则是 197.72 元新币。

2020 年最后 1 个交易日，百汇生命产业信托股价是 3.87 元新币，500 股的价值也就是 1 935 元新币。

2016 年至 2020 年的投资成本是 1 366 元新币，领取的现金股息 197.72 元新币加 500 股的价值为 2 132.72 元新币。这 5 年以来回报不低于 10%。

以每年 10% 回报计算，每年投资 1 000 元新币，投资 20 年，总投资成本为 2 万元新币，另外可获得利息回报总额

① 资料来源：百汇生命产业信托（Parkway Life REIT）官网，即 https://plifereit.listedcompany.com/distribution_history.html。

为 4.3 万元新币。

每年投资 3 000 元新币，投资 20 年，总投资成本为 6 万元新币，另外可获得利息回报总额为 12.9 万元新币。

每年投资 5 000 元新币，总投资成本为 10 万元新币，另外可获得利息回报总额为 21.5 万元新币。

再来，百汇生命产业信托每年派发的股息有小幅度增长，假以时日，股息想必可观，回报率相信会比预期更好。

甲：这些方法，从何得知？如何计算？

乙：多研读投资书籍，再多思考，就能有答案了。

至于计算方法，也不难，只要上网搜索复利增长计算，就有类似的网站，只是输入数据，就能得到答案了。

甲：那每年首个交易日作为买进的日子，是有特别用意吗？

乙：如果能在股价每年最低的日子买进，回报肯定非常理想，但问题是没有人知道哪一天的股价是最低的，亦没有人知道，何时是最高点。所以自行挑选一个日子，就可以相对客观地计算回报率了。

固定买进的日子，也可以是生日，当作给未来的自己一份礼物，亦可以是特定的纪念日，因人而异。

甲：不过，每年 10% 的回报率，好像还是低了点。

乙：股神巴菲特每年的回报率约 20%，知名基金经理彼得·林奇的回报率约 30%。

作为普通投资者，10% 的回报率，难道会差吗？

甲：但对比有些投资项目可以获得数倍的回报，10% 真的太低了。

乙：欲速则不达。高回报率的项目，伴随的必然是高风险。投资必须选择自己了解的项目，才能把风险降到最低。

你看看过去，不少人投资自己不了解的项目，最终得不偿失。

甲：你说的也有道理，但我希望可以赚更多。

乙：对于非科班出身的金融小白，想要通过股票赚钱，REITs 是最佳渠道之一。

因为对比其他行业来说，REITs 只是收购资产，为租户打造更合适的资产，企业活动不多，特定的术语也不难理解。当全面了解投资 REITs 的知识，再延伸至其他领域的股票投资，就能事半功倍了。

波动但不稳定的报酬，对比每年稳稳 10% 的回报，我觉得后者会更好。

甲：我研究研究后再说。

总结：

本章提到的平均成本投资法可以说是一套比较简单的投资策略，通过这套方法，基本上可以免去很多烦恼。

这种投资方法只限选择好的企业，若运营环境有变化，就必须套利了。

例如，2000年时，每月定期投资诺基亚，基本上可以说是有利无害。但2010年后，此举就存在很大风险，因为智能手机的出现已经基本取代了诺基亚。

因此，平均投资法只能用在优质的REITs投资上。

至于如何判断优质的REITs，则需要熟练掌握第三、五、六章的方法。

*文中提及的公司，仅为举例说明，并非买卖建议。

第二十章　延迟消费，赢取未来

甲：花数小时研读年报，感觉很累，而且现在消费水平高，根本没有闲钱开始投资。

乙：先看看你的消费模式，你是先花钱，再存钱吗？

甲：每个月到手薪金，扣除五险一金以及房贷、水电、吃饭等各种开销后，所剩无几。而且自然是先花钱了，毕竟每天工作那么辛苦，总要对自己好一点。高价咖啡我没有每天喝，不过一周 2 至 3 次，总是有的。有时聚会，也难免不了需要应酬。

乙：把你的日常开销罗列出来，说不定减去不必要的开销，就能节约一笔钱。

甲：每月必要开销有以下几项（单位：人民币）。

早餐：150 元；

午餐：600 元；

晚餐：450 元；

网剧会员充值：200 元；

手游氪金：250 元；

电影：200 元；

奶茶：160 元；

总额：2 010 元。

乙：这样的消费模式，难怪你会说没有闲钱，你应该要检讨你的开销模式。

甲：我的开销模式和一般普通人一样，没有特别之处。

乙：首先，我们已经参加工作几年了，有些东西该舍弃了。就像追剧、手游这些已经不再适合我们了。

偶尔消遣当然没问题，但经常消费就不太好。再说，奶茶这类高糖高热量的饮品，经常饮用，对身体也不好。

消费模式没有改进，怎么可能会有资金投资呢？

甲：但工作、生活压力大，我只是想要花钱寻找一点快乐，难道会过分吗？

乙：这就是问题所在。理财是先储蓄后花钱，而不是先花钱后储蓄，这是一个非常重要的观念。

投资由储蓄开始，消费和储蓄两者之间的关系是需要相互平衡的。储蓄是延迟消费，已经是一种投资，以让你未来有能力更好地消费。

甲：在大城市生活，开销难免比较高，再说行乐要及时！

乙：现在不为以后做打算，以后就要为开销付出更大的代价。

把一些没有必要的开销去掉，以后才能赚取更多的收入。

我一个朋友，原本也是像你这样，但了解了投资的重要性后，也意识到，只要现在吃点苦头，日后绝对有条件可以躺着赚钱，从而乐意付出了。

甲：说来听听。

乙：把一些无法取得增值的开销减少，就像奶茶、手游、追剧等，去掉这笔开销，每个月就多了数百元。

然后每天的食物尽可能自己料理，减少外卖，这笔开销再节约，应该能节约一两百元。

甲：有时在公司上班，免不了需要和同事拼单，而且手游也是交际应酬的一部分，不能完全戒掉啊！

乙：人的生活圈子是由生活习惯决定的，如果那些生活习惯无法让你获得更好的帮助，你就要考虑考虑了。

甲：话虽如此，但人总不可能一直都生活紧绷，总是需要平衡的。

乙：你说得对，人生时间有限，选择及时行乐也没有错。只不过，今天的习惯对日后人生会有不同影响。

辛苦一阵子，就能换来以后的轻松。参考我朋友的例子吧！

我朋友从事白领工作，业务能力不算出色，但工作很长时间，想开滴滴也没时间，工作上一直高不成低不就，领着一份死工资。

虽然不至于入不敷出，但受限于通货膨胀压力，开销方面总是捉襟见肘，让他烦恼不已。想投资房地产，苦于资金不够，你猜接下来他怎么办？

甲：后来，他学习投资 REITs，生活品质大大提升，从此没有了财务烦恼，对吗？

乙：猜对一小部分，他发现 REITs 是他梦寐以求的投资工具，能以小资金投资大型房地产。

当时存款也不多，就只有数千元，他也全部投入 REITs。每天的生活除了必要开销以外，所有奢侈品尽量去除。

香烟、奶茶、手游等，这些不会影响生活的，皆排除在外，旅行计划则延后，生活上相当节俭。

所有省吃俭用的钱，全都投资 REITs。每次领取的股息，也买回同一支 REIT。

甲：这样的生活，维持了多久？

乙：3 至 4 年，现在他开始收割投资的果实了。

据他透露，几年时间，他的投资本金大概也就数万元，手领数万股 REITs。

现在每年可领取数千元股息，相当于每年可额外领取 1 个月的奖金，而且这笔钱是自动打入银行账户的，名副其实地躺着赚钱。

按他自己估计，再过几年，累积更多 REITs 的股票后，每年要领取上万元的股息也不成问题。

甲：这么看来，你朋友以后即使退休，也无须担心收入中断。

乙：没错，所以他现在停止没有必要的开销，就是为了日后退休生活可以更宽裕。即使每年领取 5 位数甚至 6 位数以上的被动收入，也不是不可能。

如果从发工资的那一年就开始投资 REITs，他现在生活肯定会更好。

甲：明白了，我会重新规划，将没有必要的开销去除。

乙：记得，先储蓄，再开销。去除没有必要的花费，自然就有闲钱了。

甲：有什么好的节流方法可以建议吗？

乙：精明消费，善用各种商家的优惠活动，也能达到省钱的效果，但要善用，不是滥用。

甲：怎么说？

乙：商家搞活动，就是希望消费者多消费，如果相关活动，满足你的需求，那就无妨。但最怕是冲动消费，所以在消费前，请给自己 30 分钟冷静思考，觉得有必要，再消费也不迟。

甲：谢谢，我会参考你的建议。

总结：

本章相对来说比较日常，却是笔者友人的经历。友人了解到有如此美妙的投资工具后，就尽量把不必要的开销去除，然后每个月做定投。

短短3年间，每年所领取的股息，很大程度上缓解了他的生活压力，其毅力比我更强。

＊文中提及的公司，仅为举例说明，并非买卖建议。

结　　语

感谢各位读者耐着性子阅读本书，相信阅读完后，对 REITs 有更深一层的认识。本书所叙述的内容，完全是作者个人的投资经历。

仍记得 2012 年刚接触 REITs 时，觉得这就是一种梦寐以求的投资金融工具，无奈相关的投资书籍不多，即使有，也是偏向给资深投资者或业内人士阅读的书籍。对于新手而言，每次阅读，总是无法理解各种关键点。

后来，我借助媒体工作者的身份，访问马来西亚 REITs 的 CEO，不断询问各种事项，方才理解 REITs 的经营方式以及投资者应该注意的重点。随后，在教导友人投资 REITs 的过程中，发现市场对 REITs 投资知识有非常大的需求，因此，决定将相关知识写出。

在投资的过程中，总是会受到市场杂音的影响，容易作出错误的判断。因此，决定听取个人最爱的作家——金庸大师的教诲，这里引述一段他小说的内容：

黄蓉噗哧一笑，说道：“七公，我最拿手的菜你还没吃到呢。”洪七公又惊又喜，忙问：“什么菜？什么菜？”黄蓉道：“一时也说不尽，比如说炒白菜哪，蒸豆腐哪，炖鸡蛋哪，白切肉哪。”洪七公品味之精，世间稀有，深知真正的烹调高手，愈是在最平常的菜肴之中，愈能显出奇妙功夫，这道理与武学一般，能在平淡之中现神奇，才说得上是大宗匠的手段。

——《射雕英雄传》

任何事务能在平淡中找出精要之处，方才显得有本事，投资也如此。懂得将事务化繁为简，不但能事半功倍，也能免去不必要的麻烦。

在编写这本书的过程中，除了整理出一套更完整的体系外，我更发现了自己的不足之处，借此也完善了自己的投资知识。希望通过这本书，能帮助更多菜鸟投资者，大家一同在市场上赚取被动收入。